Lieber Christian

Mit diesem Buch möchten wir uns bei Dir herzlichst bedanken, für die schönen Tage die wir hier schon verbringen durften!

Ein Dankeschön auch an Deine Familie!

Fam. Sammer

Wolfgang, Elfi + Kinder

Andrea und Andreas Strauß

Dachstein

Bergverlag Rother

Inhaltsverzeichnis

Faszination Dachstein 4

Im Zeichen des weißen Goldes 9
- Die Hallstatt-Zeit 9
- Die Römerzeit 15
- Im Mittelalter 15
- Die Zeit der Reformation 18

Dachstein zweidimensional 21
- Im 16. Jahrhundert 21
- Im 17. Jahrhundert 22
- Vom 18. bis ins 21. Jahrhundert 22

Dachsteinforscher Friedrich Simony und seine Zeit 25
- Die ersten Versuche 25
- Torstein, der höchste Gipfel? 26
- Dreitausender Dachstein? 28
- Simonys Dachsteinabenteuer im Dezember 1842 31
- Die erste Übernachtung am Gipfel 35

Die Erschließung der großen Wände 39
- Große und Kleine Bischofsmütze 39
- Erstbegehungen durch Lammer und Purtscheller 43
- Der Weg ist das Ziel – die Erstbegehung der Dachstein-Südwand 44

Die senkrechte Herausforderung 53
- Zurück zum klassischen Klettern 56
- Auf den Spuren des Wassers 59
- »Zehn vor oder nach fünf« 61

Wie alles begann – Die Entstehung des Dachsteins 65
- Weshalb unterscheiden sich Gosaukamm und Dachstein so stark? 65
- Wie ist der Dachstein entstanden? 68
- Wie kommt das Salz in den Berg? 69
- Die geheimnisvollen Augensteine 70
- Geologische Bedeutung des Dachsteins 71

Das Ende des ewigen Eises? 73
- Die Bedeutung der Dachsteingletscher 73
- Gletscherforschung im Wandel 75

Karst auf Schritt und Tritt 81
- So entsteht der Karst 81
- Oberflächenkarst 82
- Wunderwelt der Höhlen 85
- Wege des Wassers 89

Zwischen Heimatraum und Ferienregion 93
- Perle des Salzkammerguts 93
- Senkrechtstart der Südseite 97
- Ausverkauf oder Käseglocke – Der Dachstein im 21. Jahrhundert 98

Naturraum Dachstein – Flora und Fauna 101

Unterwegs im Dachsteingebiet 109
- Die großen Gipfel – Bergtouren und Klettereien 110
- Klettersteige 113
- Lohnende Hüttenwanderungen 114
- Aussichtsgipfel – Rundwege 116
- Thematische Wanderungen 119
- Skitouren 120

Anhang 122

Impressum 128

Vorhergehende Doppelseite: Ein besonderer Moment. Sonnenaufgang am Grimming, unten im Ennstal das Nebelmeer.

Faszination Dachstein

Wie ein gischtender Ozean wogen im Ennstal die Nebelbänke. Sie halten die morgendliche Geräuschkulisse auf und sorgen hier heroben am Grimming für völlige Stille. Im Nordosten beginnt sich ein gelber Saum an einem der Gesäuseberge abzuzeichnen. Momente später treffen die ersten Sonnenstrahlen auch auf unseren Gipfel. Leise ertönt ein A-cappella-Chor, ganz allmählich wird er lauter mit seinem Lob des neuen Tages. Jenseits des großen Karstplateaus, das noch ganz im Schatten der Nacht liegt, leuchten die Gipfel des zentralen Dachsteins im ersten Licht. Rötlich strahlen die Schnee- und Gletscherflächen, die Felswände und -kanten. Selbst als die Jugendgruppe zu Ende gesungen hat, bleibt es rund um unser Gipfelkreuz still. Sowohl die Sänger wie auch wir zufälligen Zuhörer sind noch gefangen von diesem besonderen Augenblick.

Freilich ist es ein glücklicher Zufall, wenn wir am Grimming, dem östlichsten Gipfel der Dachsteingruppe, einen stimmungsvollen Sonnenaufgang erleben und zugleich einen Chor antreffen. Trotzdem sind es diese Momente, die uns einfallen, wenn es um die Faszination Dachstein geht. Aber auch ohne diese besonderen Erlebnisse ist die Bergwelt zwischen Ennstal und Hallstätter See, zwischen Lammertal und Grimming faszinierend. Auch – oder gerade weil man sich mit Superlativen am Dachstein schwer tut. Der höchste Gipfel der Alpen, der größte Gebirgsstock Österreichs, der längste Gletscher – damit kann der Dachstein nicht dienen.

»Wenn sich am Meeresstrande der Adria sechzehnhundert stattliche Männer aufstellten, so daß einer auf dem Kopfe des andern stünde, so wäre das Haupt des obersten so hoch, wie die Spitze des Dachstein«, stellte zwar der österreichische Dichter Peter Rosegger fest. Tatsächlich misst der Dachstein 2993 Meter. Nur wenn man das große Gipfelkreuz mitzählt, erreicht die Spitze die »magische Marke«: Mit 3000,03 Metern wäre der Dachstein dann ein Dreitausender. Um den Montblanc als höchsten Alpengipfel zu übertrumpfen, wären aber zusätzlich über 1800 Höhenmeter nötig, für den Großglockner fehlen 800 Meter. Da müsste die berühmte Dachstein-Südwand doppelt so hoch sein! Verengt man den Blickwinkel auf die Nördlichen Kalkalpen, dann ist die Parseierspitze in den Lechtaler Alpen höher. Als Rekord bleibt dem Dachstein, der höchste Berg der Steiermark und Oberösterreichs zu sein. Denn auf seinem Gipfel treffen die Bundesländergrenzen von Salzburg, Oberösterreich und der Steiermark zusammen, ein Dreiländergipfel also.

Natürlich ist »der Dachstein« nicht nur der Name für den höchsten Berg. Die Gebirgsgruppe Dachstein erstreckt sich vom wilden Zackenmeer des Gosaukammes im Westen über die zentral gelegene Dachsteingruppe mit ihren Wänden und Gletschern bis zum einsamen Karstplateau »Auf dem Stein«. Nördlich vorgelagert gehören auch Plassen und Sarstein zum Dachsteinstock. Im Osten läuft der Gebirgszug mit Stoderzinken und Kammspitze immer schmäler werdend zu. Nach dem Durchbruch des Salzabaches setzt der massige Grimming einen beeindruckenden Schlusspunkt.

Der Hallstätter See im Norden, die Enns, Kalte und Warme Mandling im Süden und schließlich die Lammer im Westen grenzen den Dachstein ab. 45 Kilometer lang und bis zu 20 Kilometer breit ist das Gebirge. Eine weite Strecke, um es zu durchqueren oder zu umrunden, eine Lebensaufgabe, wollte man jeden Gipfel kennen.

Und trotzdem: Keine Rekorde für den Dachstein?

Das Besondere liegt jenseits des Meßbaren, ist schwerer zu fassen als mit den Worten »der Höchste«, »der Größte«. Doch unbestritten gibt es die »Faszination Dachstein«. Auf dem überschaubaren Raum von circa 400 Quadratkilometern bietet der Gebirgsstock einfach alles, was unsere Alpen ausmacht: Beeindruckende Wandfluchten an den Südwänden von Torstein, Mitterspitz und Dachstein. Die Faszination des ewigen Eises mit den insgesamt neun Gletschern. Felszacken und -türme in schier unzählbarer Menge im Gosaukamm. Neben den großen Seen wie

Knorriger Ahorn nahe der Hofalm.

Folgende Doppelseite: Als erstklassiger Aussichtsgipfel kann der Sarstein gelten. Friedrich Simony verbrachte hier Wochen, um sein Dachsteinpanorama zu zeichnen.

dem Hallstätter See und den Gosauseen auch winzige, versteckte Gebirgsseen. Liebliches Almgelände und weite Karstlandschaften, die dem Wanderer ein Gefühl von Unendlichkeit vermitteln. Eine geheimnisvolle Höhlenwelt unter der Oberfläche, die noch längst nicht zur Gänze erforscht ist. Blütenmeere im Frühling, die sich bis in die Sommermonate ins Hochgebirge vorgeschoben haben, eine Bilderbuchlandschaft mit goldenen Ahornzeilen im Herbst. Eine glitzernde Winterlandschaft, die von der Gipfelregion für ein halbes Jahr Besitz ergreift. In den Tälern traditionsreiche Orte, vom Raum Hallstatt im Norden spricht man gar von der »Wiege Österreichs«.

Der Dachstein ist Heimatraum, und das nicht nur für Ramsauer und Hallstätter, für Annaberger, Filzmooser und Bad Ausseer.

Für viele Menschen ist der Dachstein Jahr für Jahr Feriengebiet. Kaum eine Freizeitaktivität, die im Dachsteinstock nicht beheimatet wäre. Skifahren und Wandern, Langlaufen und Klettern, um nur vier zu nennen.

Am augenfälligsten wird das Spektrum am Hallstätter Gletscher, direkt zu Füßen des Dachsteingipfels: Während die Kader diverser Nationen hier in den Sommermonaten auf der Loipe ihre Runden drehen, genießen Ausflügler ganz unbeschwert die Gebirgswelt oder beobachten staunend die Seilschaften in der berühmtesten Kletterroute des Dachsteins, am Steinerweg.

Vielleicht ist es gerade diese Auszeichnung, die dem Dachstein gebührt: die außergewöhnliche Vielseitigkeit und der harmonische Gesamteindruck. Gerade das macht die Landschaft aus. Das macht sie attraktiv, macht sie schön.

1997 hat die UNESCO dem Rechnung getragen und das Gebiet »Dachstein - Hallstätter See« ins Welterbe aufgenommen. Das ist eine besondere Auszeichnung. Damit ist aber auch eine Verpflichtung verbunden, nämlich Natur und Kultur gleichermaßen zu bewahren.

Die Vielseitigkeit und Schönheit der Dachsteinregion hat uns beim Fotografieren und Recherchieren begeistert und selbst nach vielen Touren immer wieder erstaunen lassen. Wir haben sie auch als zerbrechliches Gut erfahren. Schönheit und Intaktheit sind nicht selbstverständlich! Wir würden uns freuen, wenn Sie durch die Bilder ins Träumen kommen, den Dachstein durch dieses Buch (noch) besser kennen lernen und Anregungen erhalten für unvergessliche Tage in den Bergen. Kurz, wenn die Begeisterung für den Dachstein Sie ebenfalls packt. Was man liebt, wird man auch bewahren und schützen wollen.

Viel Spaß beim Schauen und Lesen, viele schöne Momente am Dachstein wünschen Ihnen

Andrea und Andreas Strauß
Au, im Juli 2006

Hans Gamsjäger in der guten Stube im Heimatmuseum Gosau – Museum und doch viel mehr!

Im Zeichen des weißen Goldes

»*Dieser schlichte Hallstätter Bergmann markiert das Jahr 1 der österreichischen Geschichte: Ramsauer entdeckte im Herbst 1846 das Hallstätter Gräberfeld.*«

Rudolf Lehr, 1996

❖

Seit frühester Zeit steht das Dachsteingebiet im Interesse des Menschen. Salz, das »weiße Gold«, war über Jahrtausende hinweg der größte Reichtum der Gegend und prägt sie bis heute.

Die Hallstatt-Zeit

Ein kleiner, verträumter Ort ist Hallstatt am Nordrand des Dachsteingebirges. Nur ein paar hundert Meter erstrecken sich die Häuser vom Marktplatz aus am Ufer des Hallstätter Sees entlang. Denn der Schwemmkegel, auf dem der 900-Seelen-Ort liegt, ist nur sehr klein, nach Norden folgt ein steiler Uferabschnitt, nach Süden schon die Ortschaft Lahn. Heute geht man davon aus, dass bereits die Menschen der Steinzeit vor 7000 Jahren hierherkamen. Bedeutsam wurde Hallstatt in der Eisenzeit – so wichtig sogar, dass es namensgebend für eine ganze Geschichtsepoche ist: Die prähistorischen Funde, die die Hallstattzeit markieren, setzen um 800 v. Chr. ein und reichen bis ins 4. vorchristliche Jahrhundert. Man spricht auch von der »älteren Eisenzeit«. Warum war Hallstatt damals so attraktiv? Wie lebten diese Menschen?

Salz war der Magnet, der unsere frühen Vorfahren nach Hallstatt zog. Ihr Hauptinteresse lag also zunächst nicht auf dem Berg, sondern unter Tage. In drei Bergwerksteilen in Hallstatt wurden Spuren prähistorischen Salzabbaus gefunden: Im nördlichen Teil befinden sich die ältesten Nachweise für regelmäßige Nutzung. Unter dem Begriff Nordgruppe werden diese Funde aus der Zeit zwischen 1400 v. Chr. bis 800 v. Chr. zusammengefasst. Im Osten scheint der Abbau zwischen 800 und 300 v. Chr. weitergegangen zu sein und am jüngsten sind Funde aus der Westgruppe. Sie datieren um die Zeitenwende. Der älteste Einzelfund aber, ein Hirschgeweihpickel aus dem Kaiser-Joseph-Stollen, wurde mittels Radiocarbonmethode auf ein Alter von 7000 Jahren datiert.

Dass wir so alte Gegenstände überhaupt finden, ist einerseits natürlich Glück, liegt andererseits wiederum am »weißen Gold«. Denn im Salz liegen die Funde bestens konserviert, das lässt die Archäologenherzen höher schlagen. So hat man im Bergwerk nicht nur zahlrei-

Über Jahrtausende hinweg war Salz der Grundstock für Hallstatts Bedeutung.

che Gebrauchsgegenstände gefunden wie einen Tragesack aus Rinderfell zum Transport von ca. 45 kg Salzgestein, lange Kienspäne aus Fichten- und Tannenholz zur Beleuchtung, eine Fellmütze, ein Rinderhorn zum Signalgeben und einen Ziegenbalg, der als Rucksack verwendet wurde, sondern auch Gewebereste von Kleidungsstücken, die aus Schafwolle, Flachs oder Hanf hergestellt wurden. Aus Exkrementen konnte man sogar den Gesundheitszustand der Bergleute erschließen. Diese litten häufig an Darmparasiten und folglich an Durchfallerkrankungen. Sogar die »Klopapiermarke« von damals kennen wir: Man verwendete Pestwurzblätter. Die Wissenschaftler konnten so auch auf den Speiseplan schauen. Hauptmahlzeit war ein Eintopf aus Bohnen, Hirse und Gerste, verfeinert mit Schweinefleisch.

Einer der spektakulärsten Funde der letzten Jahre ist eine Holzstiege, bestehend aus zwei langen Rundhölzern, mit einem Abstand von einem Meter, zwischen denen Bretter und Tritte eingepasst wurden. Ober Tage konnte so ein fertiger »Bausatz« erstellt werden, den die prähistorischen Bergleute unter Tage zusammenbauen und vor allem stufenlos auf die gewünschte Neigung anpassen konnten. Noch sind nur einige Meter freigelegt, eine Gesamtlänge von zwanzig bis vierzig Meter scheint aber nicht unwahrscheinlich. Um das Alter dieser Treppe zu bestimmen, wurden von Dendrologen eigens in einem See und einem Hochmoor am Dachstein Fichten- und Tannenhölzer gesucht, die eine lückenlose Zeitspanne von heute bis ins zweite vorchristliche Jahrtausend abdecken. So wurde die für hier charakteristische Abfolge von dicken und dünnen Jahresringen bestimmt und das Holz der Stiege auf das Jahr 1344 v. Chr. datiert. Damit ist sie die älteste Holztreppe in Europa. In der Nähe der Bergbaustollen wurden zudem Holzbecken in Blockbauweise entdeckt, in denen Schweinefleisch in großen Stücken zur Konservierung in Salz gepökelt wurde. Auch scheinen das Räuchern und die Lagerung im Salzbergwerk wahrscheinlich. Eine Forschergruppe stellte im Rahmen eines EU-Projekts die Möglichkeiten der bronzezeitlichen Fleischverarbeitung nach und betonte die »vorzügliche Qualität« des Specks aus dem Hallstätter Salzbergwerk.

Ähnliche Bedeutung wie der Tote vom Hauslabjoch, bekannt als »Ötzi«, hätte vermutlich der legendäre »Mann im Salz« aus Hallstatt erlangt. Bestens konserviert hatte man im Jahr 1734 nach einem Bergwerksunfall die Leiche eines Mannes gefunden, die hier 2000 Jahre vorher verschüttet worden war. An die Erforschung dachte man damals noch nicht, stattdessen stand das Seelenheil des Bergmanns im Vordergrund. Er wurde zum Leidwesen der heutigen Forscher als »Heide« sofort im Friedhof begraben, jedoch lediglich in der Selbstmörderecke, da man davon ausgehen musste, dass der Mann im Salz nicht getauft war.

Die Funde im Salzbergwerk sind bedeutend, da sie uns interessante Informationen über das Leben dieser prähistorischen Menschen vermitteln. Übertroffen werden die Funde von den Ausgrabungen im sogenannten Gräberfeld. Diese Fundstätte liegt gut 300 Höhenmeter über dem Seeniveau. Das abgelegene Hochtal diente während der Hallstattzeit als

*Hallstatt: die alten Häuser, die zwei Kirchen, die Anlegestelle für Boote –
alles drängt sich zu Füßen des Salzbergs.*

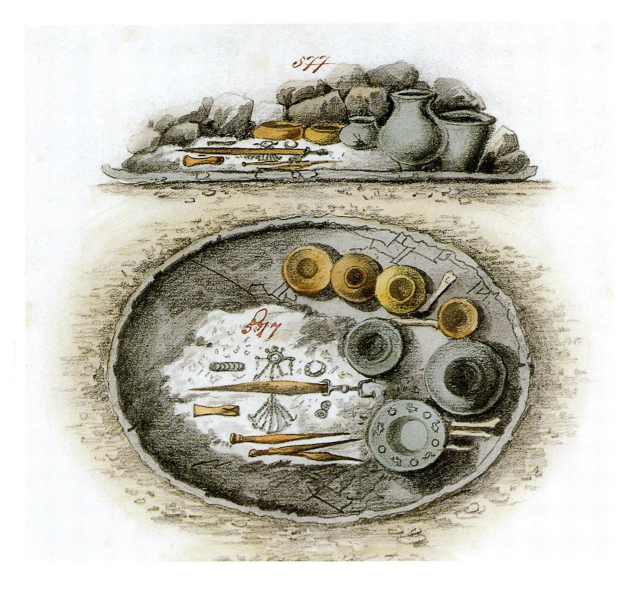

Isidor Engls Zeichnungen dokumentieren die Funde in Hallstatts Gräberfeld akribisch und gekonnt.

Hallstatt-Zeit

9000 v. Chr. – 2200 v. Chr. Jungsteinzeit.
5000 v. Chr. Nachweise für Steinzeitmenschen in Hallstatt: Pickel aus Hirschgeweih, Fundort: Kaiser-Joseph-Stollen. Schneidenteil eines Schuhleistenkeils, Fundort: Lahn.
1685 v. Chr. Momentan ältestes dokumentiertes Fundament einer Almhütte im Dachsteingebiet (Bronzezeit).
ab 1400 v. Chr. Regelmäßiger Salzabbau in Hallstatt.
800 v. Chr. – 400 v. Chr. Hallstatt-Zeit oder Ältere Eisenzeit mit einer Fülle an Funden im Salzbergwerk und im Gräberfeld.
400 v. Chr. Ein Bergsturz im Bereich des Salzbergwerks und der Kelteneinfall beenden die Blütezeit Hallstatts.

Friedhof. Von mindestens 4000 Bestattungen kann man ausgehen. Sowohl Feuer- wie auch Ganzkörperbestattungen waren während der 400-jährigen Nutzungsphase üblich.

Dass das Gräberfeld überhaupt entdeckt und dort anschließend geforscht wurde, hängt wiederum mit den Arbeiten im Salzbergwerk eng zusammen. Für einen Mann muss hier ein Menschheitstraum à la Heinrich Schliemann in Erfüllung gegangen sein: für Johann Georg Ramsauer. Er erkannte frühzeitig, dass es sich um ein ganzes Gräberfeld handeln musste, und trieb über knapp 20 Jahre hinweg die Ausgrabungen voran. Eine schier unglaubliche Fülle an Funden war zu bewältigen.

Damit nicht genug: Ramsauer ließ die Ausgrabungen nach damaligen Möglichkeiten optimal dokumentieren. Skizzen wurden von jedem Grab angefertigt und Knochen- wie Beigabenfunde wurden mit Text und Bild festgehalten. Die feinen aquarellierten Zeichnungen von Ramsauers Mitarbeiter Isidor Engl geben uns noch heute ein Gefühl für die würdevolle Aura der Gräber.

Im Laufe der Erforschung wurde immer deutlicher, dass das Hallstätter Gräberfeld Zeugnis einer Hochkultur ablegt, die vermutlich von Stämmen der Illyrer getragen wurde, die zu dieser Zeit im Osten Österreichs lebten. Die Grabbeigaben waren kostbar, die verwendeten Materialien auf dem neuesten Stand der Technik. Bronze und Eisen wurden verarbeitet. Die Gräber lassen gesellschaftliche Eliten erkennen, manche sind äußerst prunkvoll ausgestattet mit Schwertern und Dolchen, Bronzegefäßen und einmal sogar mit einem Hohlglas. In den Frauengräbern fanden sich

Schmuckstücke wie Fibeln zum Befestigen der Kleidung und Ohrringe, teils aus Gold. Das ästhetische Empfinden der Hallstätter lässt sich auch anhand der Stoffreste erschließen, von denen manche mit Karomuster verziert sind. Materialien wie Elfenbein aus Afrika und Bernstein von der Ostsee beweisen weitreichende Handelsbeziehungen. Zumindest die reichere Gesellschaftsschicht wusste zu leben: Die Verzierungen eines Schwertes zeigen zum Beispiel einen Mann, der auf einem bequemen Sessel Platz genommen hat und aus einem Becher trinkt, während er von mehreren Leuten bedient wird. Die jüngeren Waffenfunde legen sogar die Vermutung nahe, dass diese nur noch Statussymbole waren. Die sogenannten Antennendolche etwa mit ihren überdimensionalen Fortsätzen am Griff, die wie die Fühler eines Käfers aussehen, dürften für den praktischen Einsatz kaum mehr brauchbar gewesen sein.

Hallstatt war eine Hochkultur. Doch im 4. Jahrhundert endete sie jäh: Es kam zu einem gewaltigen Bergsturz, der die Bergwerksstollen verwüstete und das Hochtal unter einer bis zu zehn Meter mächtigen Schuttschicht begrub. Die überlebende Bevölkerung zog sich in den hintersten Winkel des Tals zurück, auf die geschützte »Dammwiese«, noch heute eine idyllisch gelegene Sumpfwiese zu Füßen des Plassen. Der Abbau von Salz wurde zwar wieder aufgenommen, wie die Funde im westlichen Abschnitt des Bergwerks belegen. Aber an den alten Prunk konnte Hallstatt lange nicht mehr anknüpfen. Auch veränderte sich die Bevölkerungszusammensetzung, da um 400 v. Chr. aus dem Westen Kelten einfielen.

Johann Georg Ramsauer

* 1795 in Hallstatt
† 1874 in Linz

beginnt in Hallstatt zunächst als normaler Knappe. Mit 35 Jahren ist er bereits Betriebsleiter im Salzbergwerk. In dieser Funktion wird er 1846 an eine Stelle gerufen, an der Schotter gewonnen wird. Arbeiter hatten dort menschliche Knochen entdeckt. Bei Grabungen findet man schließlich sieben bronzezeitliche Skelette. Von den meisten seiner Zeitgenossen eher belächelt und verspottet, übernimmt Ramsauer neben seiner Tätigkeit beim Salzbergwerk auch die Leitung der Ausgrabungen. Früh schon erkennt er, dass es sich um umfangreiche und bedeutsame Funde handelt. Bis 1863 werden im Hochtal 900 Einzelgräber gefunden und über 20.000 Grabbeigaben ans Tageslicht befördert. Erst mit seiner Pensionierung beendet Ramsauer auch die Grabungen. Er zieht nach Linz. Von Friedrich Simony dahingehend beraten, verkauft er die bronzezeitliche Sammlung en bloc. Diese geht nach Wien in die prähistorische Abteilung des Naturhistorischen Museums. Hauptgrund für den Verkauf ist für Ramsauer die finanzielle Situation seiner Familie: Aus zwei Ehen sind zwanzig eigene und zwei Stiefkinder zu versorgen.

Isidor Engl und Friedrich Morton werden nach Ramsauers Pensionierung auf neuen Gebieten des Hochtals fündig. Allein in den Jahren 1871 – 76 findet Engl für das Museum Linz 135 neue Gräber. Die Grabungen werden 1993 vom Naturhistorischen Museum in Wien wieder aufgenommen und so kann man in den Sommermonaten den Forschern bei ihrer Arbeit im Gräberfeld zusehen.

Das Hauptinteresse in dieser frühen Zeit lag also eindeutig beim Salz, in den letzten Jahren verdichten sich für die Forscher aber die Hinweise, dass die höheren Lagen am Dachstein bereits landwirtschaftlich genutzt wurden, und zwar bereits vor der Hallstattzeit. Bis heute sind auf den Almflächen im Dachsteingebiet die Reste von über 20 bronzezeitlichen Hütten entdeckt worden. In der Lackenofengrube am östlichen Dachsteinplateau wurde 1984 ein erstes spätbronzezeitliches Gebäude entdeckt und archäologisch ausgewertet. In den Handgruben befindet sich nach derzeitigem Forschungsstand das älteste Hüttenfun-

Die Nothgasse am Rande des Karstplateaus. Zufluchtsort? Germanische Kultstätte?

Die Datierung der Felsbilder in der Nothgasse ist schwierig.

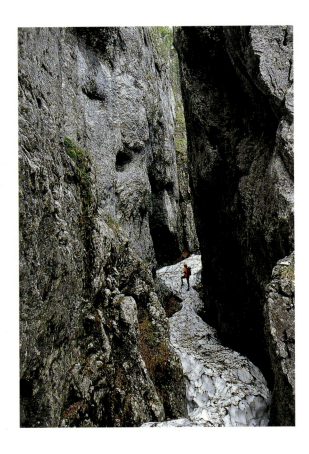

dament des Dachstein-Plateaus. Auf 1685 v. Chr. wird es datiert. Wie intensiv die Höhenlagen genutzt wurden und wie die Bewirtschaftung genau ablief, kann durch Funde und Mutmaßungen rekonstruiert werden. Man geht davon aus, dass der Beginn des Salzbergbaus und die Nutzung der Almweiden Hand in Hand gingen. Da der Almbereich klimatisch in der Regel über der Waldgrenze lag, musste er nicht erst gerodet werden. Aufgetrieben wurden vor allem Jungtiere. Zumindest stammen die bisher untersuchten Tierknochen von jungen Schafen, Schweinen, Pferden und Rindern. Die Almhütten hatten ein Steinfundament, auf dem vermutlich ein Holzblockbau aufsaß. Im Falle der Lackenofengrube standen dem prähistorischen Senner oder der Sennerin knapp 20 m² Innenraum zur Verfügung. Zwei Feuerstellen in der Nähe des windabgewandten ostseitigen Eingangs erlaubten die Datierung auf 1360 v. Chr.

Zur eigentlichen Hallstattzeit sind jedoch keine Funde nachzuweisen. Wahrscheinlich waren die Handelsbeziehungen schon so intensiv, dass die Hallstätter ihre Lebensmittel bequemer aus anderen Gegenden importierten als sie auf den Almen selbst herzustellen. Auch liegt die Hallstattzeit in einer klimatischen Ungunstphase. Betrachtet man unseren jüngsten erdgeschichtlichen Zeitabschnitt, das Holozän, so fällt die Hallstattzeit in das holozäne Hauptminimum, also den Zeitraum mit den niedrigsten Temperaturen. Die Almen waren nicht mehr rentabel und dürften aufgegeben worden sein. Daher existieren im Almbereich auch keine Funde, die sich in die Hallstatt- oder die nachfolgende Latènezeit datieren lassen.

In die vorgeschichtliche Zeit wurden lange auch die Felsbilder im Osten des Dachsteins eingeordnet. Am bekanntesten sind die Darstellungen von Tieren, Menschen und die grafischen Muster, die in der Nothgasse zwischen Brünner Hütte und Grafenbergalm in den Fels geritzt wurden. Die 20 – 30 Meter tiefe Schlucht entstand vor circa 14.000 Jahren durch die Schmelzwässer des Dachsteingletschers. An ihrer Basis ist sie teils nur zwei Meter breit, also tatsächlich eine sehr enge »Gasse«. Während der Zeit des Nationalsozialismus glaubte man mit diesen Felsbildern eine frühe Hochkultur für die Germanen zusammenreimen zu können. Da die Darstellungen im Kalkfels stark der Verwitterung ausgesetzt sind, stellt ihre Datierung noch immer ein großes Problem dar. Auch daran mag es liegen, dass sich der Glaube an die prähistorische Entstehungszeit so lange halten konnte. Heute gehen die Forscher aber davon aus, dass die allermeisten der ca. 30.000 Felsbilder in ganz Österreich in der Neuzeit entstanden

Rosenblüten als Zeichen der Liebe und Eichenlaub als Ruhmeszeichen zieren die Schädel in Hallstatts Beinhaus. Liebevoll-unkomplizierter Umgang, entstanden durch Platzmangel.

sind, nur knapp 30 % ins Mittelalter datieren und bestenfalls 1 % älter ist. Am Dachstein könnten vielleicht einige wenige aus der späten Bronzezeit stammen. Gerade diese dürften aber aufgrund der Verwitterung kaum mehr erkennbar sein.

Die Römerzeit

Die Funde auf den Almen intensivieren sich erst wieder zur Römerzeit. Kontakt zwischen den Norikern, dem damals stärksten keltischen Stamm in Österreich, und dem Weltreich jenseits der Alpen hatte es schon im 2. Jahrhundert v. Chr. gegeben. Man hatte Gesandtschaften ausgetauscht und Freundschaftsverträge geschlossen, der Handel hatte verstärkt eingesetzt. Unter Kaiser Augustus schließlich war zwischen 15 und 8 v. Chr. der Eigenständigkeit der Alpenvölker ein Ende gesetzt: Auch das Königtum Noricum war unter römische Herrschaft gekommen und wurde einige Jahrzehnte später unter Kaiser Claudius römische Provinz. Der Dachstein und seine Tallagen waren Teil des Weltreichs Rom geworden.

Was veränderte sich dadurch? Im Hochgebirge sicherlich überhaupt nichts! Im Almgelände lässt sich jedoch eine intensivere Bewirtschaftung vermuten – das schließt man aus der größeren Dichte von Funden. Ziegen- oder Schafglocken aus Bronze etwa vom Hölltalsee, an der Stoderalm oder an der Grafenbergalm. In Gebieten also, wo teils noch heute wie vor 1700 Jahren in den Sommermonaten die Schafe weiden. Fibeln und Münzen wurden gefunden, ein Wetzstein und eine ganze Reihe von Schuhnägeln. Auf der Alm wurde also bereits der Nagelschuh getragen! Auch sprachlich kann man den Einfluss der Römer festmachen, der »Senn« oder der »Käse« sind Lehnwörter aus dem Lateinischen.

In den Tallagen wurde die Besiedlung dichter, die »schönsten Fleckchen« rund um den Dachstein waren alle bereits bekannt und besiedelt. Noch immer gab es aber Neues ausfindig zu machen: Kaiser Maxentius Severus (279 – 312 n. Chr.) etwa gilt als Entdecker der Heilquelle in Bad Heilbrunn nördlich des Grimming. Das schließt man zumindest aus römischen Münzen, die sein Abbild tragen und in der Gegend der Thermalquelle gefunden wurden.

Durch die fremde Macht kamen auch technische Neuerungen ins Land. Glasfenster und Fußbodenheizung waren der »letzte Schrei«, zumindest in den Häusern der reichen Provinzialrömer. Fundstellen römischer Architektur liegen sowohl am Hallstätter See wie auch an der Südseite des Dachsteins: Östlich der Ramsau, beim Burgstaller, wurde 1996 eine spätrömische Siedlung entdeckt, die aus dem 3. – 5. Jahrhundert n. Chr. stammt. Ihre Lage am Steilabbruch der Knallwand legt nahe, dass für ihre Bewohner eine gute Verteidigung wichtig war.

Im Mittelalter

Das römische Weltreich brach zusammen, die Slawen und die Awaren kamen, nach ihnen die Bayern und bald die Franken. Einen selbstständigen Staat bildete Österreich ab dem Jahr 1156, als es durch das »Privilegium minus« von Bayern losgelöst wurde.

Das Interesse am Dachstein hat sich in all diesen Jahrhunderten nicht grundlegend geändert. Das Gebirge als Funpark und Freizeitobjekt ist noch längst nicht aktuell. Die Almen wurden teils bestoßen, zwischenzeitlich aber

Fundstücke aus der Hallstatt- und der Römerzeit im Hallstätter Prähistorischen Museum:

Salztragekorb (Hallstattzeit). *Schafglocke aus Bronze (Römerzeit).* *Antennendolch (Hallstattzeit).*

auch wieder aufgelassen, je nach den wechselnden Klimabedingungen. Neu war aber der christliche Glaube, der unter Bayern und Franken immer mehr Verbreitung fand und mit der Gründung des Stifts Admont im Ennstal 1074 ein bedeutendes Zentrum erhielt; das hatte unmittelbar auf die Region Dachstein Einfluss, da es hier als Grundherr auftrat – zum Beispiel für viele Höfe in der Ramsau. In den Tallandschaften des Dachsteingebiets zeugt die Johanneskapelle in Pürgg von der frühen Ausbreitung des Christentums. In dem kleinen Gotteshaus auf einem Hügel mit Blick zum Grimming, ausgestattet mit romanischen Fresken und gut restauriert, sind die Jahrhunderte fast greifbar.

Ob der Salzabbau in großem Maßstab weiter betrieben wurde, ist fraglich. Durch das im römischen Reich günstig erhältliche Meersalz verlor Hallstatt jedenfalls an Bedeutung. Ab dem Mittelalter versuchten die jeweiligen Herrscher den Salzabbau wieder voranzutreiben, denn Abbau und Handel mit dem kostbaren Produkt waren wegen der Einnahmen aus der Salzsteuer bedeutend und für manchen die wichtigste Einnahmequelle. Da konnten sich Meinungsverschiedenheiten auch zum Krieg ausweiten wie zum Ende des 13. Jahrhunderts. Im »Salzkrieg« zogen Soldaten des Erzbischofs von Salzburg gegen Albrecht I. von Österreich. Begonnen hatten die Streitigkeiten auf der Südseite des Dachsteins, an der Grenze zwischen Salzburger Bistum und steierischem Herzogtum. Albrecht hatte am Mandlingpass die »Ennsburg« errichten lassen, der Erzbischof ließ sie

  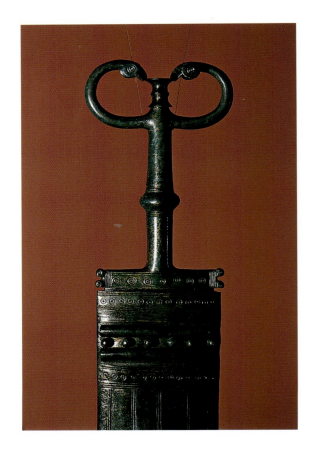

Zeitlos schön: Bauernhaus in der Gosau.

zerstören. Über mehrere Jahre kam es immer wieder zu Überfällen von beiden Seiten. Als Albrecht 1292 nicht wie erhofft zum deutschen König gewählt wurde und sogar Gerüchte von seinem Tod aufkamen, nutzte der Salzburger Erzbischof die Gelegenheit und schickte Truppen in die Gosau. Hier hatte Albrecht Salz entdeckt und Stollen sowie eine Salzpfanne errichten lassen. Eine Konkurrenz zur bischöflichen Saline in Hallein! 1295 machte der Salzburger reinen Tisch: Seine Untergebenen zerstörten die Anlagen in Gosau.

Sehr großen Einfluss hatte das Salz auch auf das Landschaftsbild. Zur Hallstattzeit war es noch üblich gewesen, im trockenen Verfahren Salz abzubauen. Dabei wurden zunächst Schächte angelegt. Dann brachen die Bergleute das Kernsalz mit einem Bronzepickel heraus. Aus den so immer größer werdenden Kammern beförderten sie das Salz in Tragekörben ans Tageslicht. Seit 1311 aber bediente man sich eines moderneren Verfahrens: In den salzführenden Gesteinsschichten wurden große Hohlräume angelegt, in die man Süßwasser einleitete. Auf diese Weise wurde das Salz gelöst und es entstand schließlich die Sole, eine mit Salz gesättigte Wasserlösung. In der Sudhütte wurde dann durch Sieden Salz erzeugt. Um die hohen Temperaturen des Siedevorgangs zu erreichen, benötigte man Brennholz. In den angrenzenden Wäldern, vor allem im Dachsteingebiet schienen ausreichende Holzvorkommen vorhanden zu sein. Dennoch kam es immer wieder zu Engpässen. Gerade die Almwirtschaft war hier den Machthabern ein Dorn im Auge. Benötigten die Senner doch Holz für ihre Hütten, Ställe und für die aufwendigen Zäune. Außerdem war zu befürchten, dass die Kühe und Kälber Verbiss-Schäden anrichten. Andererseits konnte man die Almwirtschaft nicht völlig verbieten, da die Bevölkerung auf die im Sommer auf den Almen erwirtschafteten Produkte angewiesen war. Zur Hallstattzeit war das noch anders gewesen, damals hatten vermutlich die meisten Bevölkerungsschichten vom Salz profitiert. Im Mittelalter und noch in der Neuzeit verdienten nur noch die Landesherren als Besitzer und die Hallinger als Betreiber der Siedereien am weißen Gold. Denn in der Zeit zwischen 1311 und 1998 war das Salzbergwerk ein »Staatsbetrieb«. Vor allem die einfachen Arbeiter mussten sich mit Hungerlöhnen abfinden. Große Angst hatte man daher, dass sie höheren Lohn fordern könnten, um Verluste durch den eingeschränkten Almbetrieb auszugleichen. So einigte man sich auf feste Zahlen, wie viele Tiere auf die Alm durften – ein Anlass für immer wiederkehrende Streitigkeiten.

Die staatliche Kontrolle über das Salz ging schließlich sogar so weit, dass man als Fremder die Nordseite des Dachsteingebiets über Jahrhunderte nicht betreten durfte. Das Gebiet um Hallstatt, Aussee und Ischl unterstand der »Kammer«, der Finanzbehörde des Landesfürsten. Nur von der Kammer wurden Einreisegenehmigungen erteilt, beziehungsweise in der Regel verweigert: Denn Fremde wollte man nicht hier sehen. So hoffte man Diebstahl und Spionage zu verhindern. Heute erinnert die Landschaftsbezeichnung »Salzkammergut« noch an diese Reglementierung.

Die Zeit der Reformation

1517, Wittenberg in Sachsen. Martin Luther äußert sich öffentlich zu den Missständen innerhalb der katholischen Kirche. Der Thesenanschlag an der Wittenberger Schlosskirche war vom Dachstein weit weg. Und trotzdem sollte er das Leben dort verändern. Aus Luthers Verbesserungsvorschlägen entstand bekanntlich eine neue Glaubensrichtung und daraus die Kämpfe der Reformation und Gegenreformation.

Die Bergwerksgebiete in Sachsen und Thüringen standen mit jenen Tallandschaften am Dachstein in Kontakt, in denen Salz, Silber, Zink und Nickel gefördert wurden, wie zum Beispiel in Hallstatt, Bad Aussee oder Schladming. So weiß man beispielsweise, dass die Söhne des Ausseer Hallamtsverwesers, also des Salzamt-Chefs, Hans Herzheimer, in Wittenberg studierten und er selbst hatte Luther predigen hören. Verwunderlich ist es daher nicht, dass der Protestantismus rasch hierherkam und Anhänger fand. Der neue Glaube und die marode wirtschaftliche Situation ergaben ein Pulverfass. Zumal die Forderung nach religiösen Reformen mit dem Drang nach sozialer Gerechtigkeit verbunden war. Erste Bauernunruhen hatte es in Süddeutschland und Österreich bereits im 15. Jahrhundert gegeben, nachdem Steuererhöhungen, Pest und Türkengefahr die Bauern immer mehr belasteten. Im Ennstal formierte sich diese Unruhe in einem Bauern- und Bürgerbund im Jahr 1477, unter dem Anführer Maynhardt, der später jedoch verhaftet wurde.

Die neuerlichen Unruhen der Jahre 1524 – 1525 waren daher von Luthers Predigten und Schriften wie »Von der Freiheit eines Christenmenschen« nur ausgelöst, nicht verursacht. Die Forderungen umfassten auch im Dachsteingebiet die Wahl des Pfarrers durch die Gemeinde, die Abschaffung von Leibeigenschaft und Dienstpflicht für den Grundherrn und die freie Nutzung des Waldes durch die Gemeinde.

Von Tirol ausgehend verlagerten sich die Unruhen nach Salzburg und in die Steiermark: Die Stadt Salzburg und Radstadt wurden von Bauern belagert. In Schladming explodierte

Blickfang in Hallstatts katholischer Kirche ist der spätgotische Altar.

das Pulverfass dann bei einem Aufstand der Knappen und Bauern, der vom Schladminger Bergrichter Konrad Reustl (auch Ränstl) geleitet wurde. Die bis 1200 Mann starke Aufständischentruppe zerstörte die Ortschaft Haus, den Sitz der Grundherrschaft, und die Kirche von Assach. Schließlich nahmen die Knappen und Bauern sogar Admont ein.

Kriegsähnliche Zustände erschütterten das Dachsteingebiet. Der Landeshauptmann Siegmund von Dietrichstein schlug die Aufständischen zurück und rückte mit seinen 3000 bis 4000 Mann starken Truppen, darunter auch Husaren, in Schladming ein. Dort wartete er auf Verstärkung durch den bekannten Feldherrn Niklas Salm. In der Nacht vom 2. auf den 3. Juli 1525 brachen von Pichl 3500 Aufständische unter der Führung des Tirolers Michael Gruber auf und überfielen den Landeshauptmann am frühen Morgen. Als »Schladminger Bauernsieg« wurde der große Sieg gefeiert. Schon glaubten die Bauern den Krieg für sich entschieden zu haben. Gegen das viel besser ausgerüstete Söldnerheer des Grafen von Salm waren sie aber mit Mistgabeln und Sensen nicht gewachsen. Schladming wurde von Niklas Salm im Oktober ohne Gegenwehr eingenommen und aus Rache niedergebrannt. Das Stadtrecht wurde aberkannt; erst 1925 wurde es wieder verliehen.

Damals zeigten sich die Vorteile einer abgeschiedenen Lage: Erzherzog Ferdinand übernahm 1596 die Regierung und setzte sich vehement für die Gegenreformation ein. Auch die Dachsteinregion musste wieder katholisch werden. Im Ennstal wurden die Anhänger des neuen Glaubens erbittert verfolgt, da sie »sol-

Wertvolle romanische Fresken lassen in der Johanneskapelle bei Pürgg die Jahrhunderte greifbar werden.

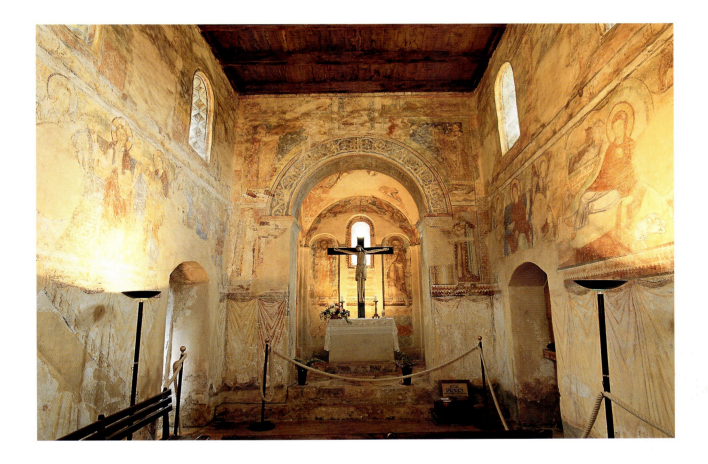

che grobe, rauche, wilde, bestial- und barbarische Leuth sein, dass desselben gleichen nit bald zu finden, wie sie dann in dero ketzerischen religion so standhafft und gewaltig verbittert sein.«

Unter Leitung von Admont wurden Aussee, Gröbming und Schladming rekatholisiert, wer sich weigerte, wurde entweder in den Kerker gesteckt oder zur Auswanderung gezwungen.

In der Ramsau zum Beispiel war man aber in einer viel besseren Situation als im Ennstal. Im Geheimen lebten die Luther-Anhänger dort ihren Glauben weiter. Verfolgungen und die Einweisung in das Konversionshaus nahm man hin, mehr als Lippenbekenntnisse erreichten die katholischen Herrscher trotz aller Anstrengungen nicht. Und um die verräterischen Bibeln zu verstecken, gab es auf den Höfen genügend Möglichkeiten. Vom Wieserhof, wo die älteste Ramsauer Bibel existierte – gedruckt in Wittenberg 1536 –, wird berichtet, man habe sie im Stall versteckt, unter einer besonders aggressiven Kuh.

Feierlichkeiten konnten zu dieser Zeit eben nicht in der Öffentlichkeit abgehalten werden, man musste sich in einer Tenne oder am Berg treffen. Fremden gegenüber war Misstrauen angesagt, schließlich tauchten immer wieder Spitzel auf, die die ganze Gemeinde in Gefahr bringen konnten, denn bei »Irrglauben« drohte zeitweise die Zuweisung zur Miliz oder zum Festungsbau im Fernen Osten. Trotzdem – die Menschen hielten aus. Nur vereinzelt schlossen sich Ramsauer der großen Auswanderungswelle 1731 an, bei der 20.000 Pongauer nach Ostpreußen, Holland und Georgia/USA ausgewiesen wurden. Über 200 Jahre Geheimprotestantismus hielten die Ramsauer durch. Nicht selten dienten die Berge in dieser Zeit als Zufluchtsort. Hier konnten die Flüchtigen ihre Ortskenntnis ausspielen. Hier konnten sie auch so manche kostbare Bibel oder eine andere gefährliche Schrift von einem Ort zum nächsten transportieren, ohne dafür im Kerker zu landen. Eine Überwachung der Übergänge durch die Obrigkeit war einfach nicht durchführbar. Noch heute zeugt der Begriff »Bibelsteig« für den Weg von der Ramsau über den Pernerweg und Linzerweg zum Steiglpass von dieser Zeit.

Erst 1781 erließ Kaiser Josef II. das sogenannte Toleranzedikt, das den Protestanten Religionsfreiheit zusicherte, wenn auch noch lange keine Gleichberechtigung zu den Katholiken. Konkret konnten sich 100 Familien oder 500 Einzelpersonen zu einer Pfarrgemeinde zusammenschließen und ein Bethaus errichten, vorausgesetzt dieses war in der Öffentlichkeit nicht durch Turm, große Fenster oder Glocke als solches erkennbar. Noch am Tag, an dem die Ramsauer vom Toleranzedikt erfuhren, bekannten sie sich zum evangelischen Glauben. Nur zwei Jahre später stand in der Ramsau bereits ein evangelisches Bethaus. Der Andrang soll teils so groß gewesen sein, dass man den Gottesdienst in zwei Schichten abhalten musste. Nach wie vor stehen in vielen Orten rund um den Dachstein wie zum Beispiel Ramsau, Gosau oder Hallstatt zwei Kirchen, eine katholische und eine evangelische.

Karstplateau »Auf dem Stein«. Selbst mit guten modernen Karten ist die Orientierung eine Herausforderung.

Dachstein zweidimensional

Lange bevor man daran dachte, die Berge zu besteigen, wurden sie bereits gezeichnet und vermessen – die ersten Karten entstanden. Aus heutiger Sicht darf man sich von diesen Pionieren nicht zu viel versprechen. Manche Gegenden waren noch unzugänglich, weder Entfernungsmessung noch Höhenbestimmung entsprachen der heutigen Genauigkeit. Auch war es durchaus üblich, Karten anhand von Reiseberichten oder mit den Angaben von Einheimischen zu erstellen, ohne als Kartograf selbst vor Ort gewesen zu sein. Zudem summierten sich fehlerhafte Einträge, wenn für eine »neue« Karte lediglich die bereits existierenden als Vorlage dienten. Von Vorteil wirkt es sich am Dachstein aus, dass die Bundesländer Salzburg, Oberösterreich und Steiermark Anteil am Gebiet hatten und haben und es daher für unterschiedliche Kartenaufnahmen bearbeitet wurde.

Im 16. Jahrhundert

Die erste Karte, auf der zumindest die nördliche Tallandschaft des Dachsteins eingezeichnet ist, stammt aus der ersten Hälfte des 16. Jahrhunderts. Der Nürnberger Augustin Hirschvogel fertigte in den Jahren 1539 – 42 eine Oberösterreichkarte an, an deren südlichem Rand der Hallstätter See vermerkt ist. Dies war das erste Mal, dass eines der österreichischen Länder eine Karte erhielt.

Wenige Jahre später zeichnete der Salzburger Jurist Marcus Secznagel eine Karte des Erzbistums Salzburg. Da der Besitz der Salzburger zu dieser Zeit bis nach Kärnten reichte, ist das komplette Dachsteingebiet auf der Karte berücksichtigt. Dieses Werk aus dem Jahr 1551 enthält eine ganze Fülle von Ortsbezeichnungen. Hier tauchen bereits Hallstatt, Aussee und Radstadt auf. Es sind der Hallstätter See (ohne Bezeichnung) und der Gosausee verzeichnet, ferner ist die Enns benannt und »In der Mindling« (Mandling). Der Dachstein ist als zweizügiger massiver Gebirgsstock eingezeichnet, der Gosaukamm als lang gestreckter Kammverlauf zwischen Gosau und Lammertal. Die noch unbenannten Berge sind jedoch nicht als charakteristische Figuren erkennbar.

1561 und 1563 erscheinen die Karten zur Fränkischen Ostmark und die Erzherzogtum-Österreich-Karte von Wolfgang Lazius, sie stellen eher eine Verschlechterung dar. Auf der ersten ist Hallstatt beispielsweise auf der falschen Seite des Hallstätter Sees zu finden. Auf der Österreichkarte vermerkt der Mediziner und Kartograf Wolfgang Lazius Hallstatt, Aussee und Radstadt. Auch Derfl (Dörfl) und die Ramsau kommen hinzu und die Land-

Vischers Dachsteinkarte aus dem 17. Jahrhundert. Trotz großer Genauigkeit ist der Dachstein nur der ferne »Schneeberg«.

schaftsbezeichnungen Koppen südlich des Hallstätter Sees und »Die Pötschen«, an der Stelle, an der der Pass Pöschenhöhe liegt. Allerdings sind in vielen Bereichen der Karte die Proportionen eigenartig verschoben, so dass auch am Dachstein beispielsweise Ramsau doppelt so weit von Radstadt entfernt ist wie vom Altausseer See. Auch liegen Ramsau, Altausseer See und Hallstätter See auf Lazius´ Karte exakt auf einer Linie. Lazius kennt zudem mitten im Dachsteinstock den Ort Helwisen am Helwisersee. Größer als Ischl ist er verzeichnet, obwohl er nie existiert haben dürfte. Auch auf der Salzburg- und Kärntenkarte 1585 von Mercator, die auf der Grundlage Secznagels entstanden war, sind noch keine Berge benannt, die Zahl der bezeichneten Seen wächst dafür: Zum Hallstätter See und zum Aussee kommen nun der »Goßasee« und der Kreidnsee, wie man den Hinteren Gosausee nannte, sowie erstmals der Oedsee. Kaum zuzuordnen ist das Flussnetz, das auf der Karte eingetragen ist. Die im gleichen Jahr erschienene Erzherzogtum-Österreich-Karte von Mercator enthält dieselben Informationen, auch hier sind die Berge nur vage angedeutet.

Im 17. Jahrhundert

In diesem Jahrhundert erscheinen drei Oberösterreichkarten und eine Steiermarkkarte, die den Dachstein abdecken. 1628 wurde in Regensburg von Abraham Holtzwurm die erste zum Kupferstich gegeben. Ursprünglich hätte sie vom bekannten Astronom Johannes Kepler angefertigt werden sollen. Dieser war von den oberösterreichischen Ständen beauftragt worden, eine Landeskarte zu zeichnen. Da er jedoch lediglich die bereits vorhandenen Informationen zusammenführte, wurde ihm der Auftrag wieder entzogen und an den in Villach lebenden Israel Holtzwurm vergeben. Dieser ging nach seinem Umzug nach Linz zügig an die Aufnahmearbeiten, doch nach wenigen Monaten starb er überraschend. Nun bot sich sein Bruder Abraham an, das Werk fertigzustellen. Durch die harte Kritik, die Kepler an ersten Proben walten ließ, wurde auch ihm der Auftrag entzogen. Abraham Holtzwurm nahm seine Aufzeichnungen und verließ Österreich. Die angefertigte Karte erschien letztlich erst 16 Jahre nach dem ersten Auftrag in Regensburg. Sie enthält deutlich mehr Angaben als die Hirschvogel-Karte, die sie ablöst. Der Schwerpunkt liegt auch hier bei den Ortschaften. Es sind Hallstatt, Aussee, Mitterndorf, Grimming, Gröbming, Öblarn, Schladming, Obernhaus, »Im Rössing« und »In der Gosah« eingetragen. Den Gosausee und den Hallstätter See findet man ebenso wie den Waldbach im Echerntal. An Bergen tauchen der Salzberg auf und der »Kripnstein« – von Dachstein und Torstein leider noch keine Spur.

Der Geistliche Georg Matthäus Vischer aus dem Pitztal erstellte 1669 – 78 gleich drei Karten: eine von Oberösterreich, eine von Niederösterreich und zuletzt eine von der Steiermark. Hier finden sich nun erstmals eine ganze Reihe von Bergen namentlich. Die Vischer-Karten sind ausgesprochen genau und sorgfältig gefertigt. Vermutlich konnte Vischer die Ober- und Niederösterreichkarten in jeweils nur einem Sommer aufnehmen, die Steiermarkkarte dürfte länger in Arbeit gewesen sein. Vom Vertragsabschluss zwischen den steirischen Ständen und Vischer im Jahr 1673 bis zur Fertigstellung dauerte es fünf Jahre. Die Bedeutung dieser Karten mag daran deutlich werden, dass die Ober- und Niederösterreichkarten in dem großen um 1670 in Amsterdam erschienenen Sammelatlas von Laurens van der Hem aufgenommen wurden. Ein sehr liebevoll koloriertes Blatt zeigt den Ausschnitt Dachstein/Hallstatt/Wolfgangsee. Am Kartenrand wurde vom Zeichner Julius Mulhuser ein Bild eingefügt, das die Salzgewinnung zu dieser Zeit zeigt. Vor Irrtümern war natürlich auch ein so genauer Kartograf wie Georg Matthäus Vischer nicht gefeit: Auf der Karte der Steiermark ist der Grimming als höchster Berg des Landes markiert.

Vom 18. bis ins 21. Jahrhundert

1787 erscheint nochmals eine Karte von Oberösterreich, die von den Ständen finanziert wurde. Für diese Karte kam es zu keiner neuen Landesaufnahme, sondern man verkleinerte lediglich jene Blätter, die während der staatlichen Landesaufnahme 1763 – 87 unter Maria Theresia und Joseph II. erstellt wurden. Diese Karten wurden streng geheim gehalten und standen nur für militärische Zwecke zur Verfügung. Eine entsprechende Bitte um Veröffentlichung lehnte der Kaiser zunächst auch ab, erst 1787 gab er sein Einverständnis. Für den beauftragten Kupferstecher galten natürlich strengste Sicherheitsvorschriften, er wurde von einem eigenen Stabsoffizier bewacht. Im Maßstab 1:86.400 gezeichnet ist erstmals der Torstein zu lesen, als »Doorstein«. Westlich davon tauchen

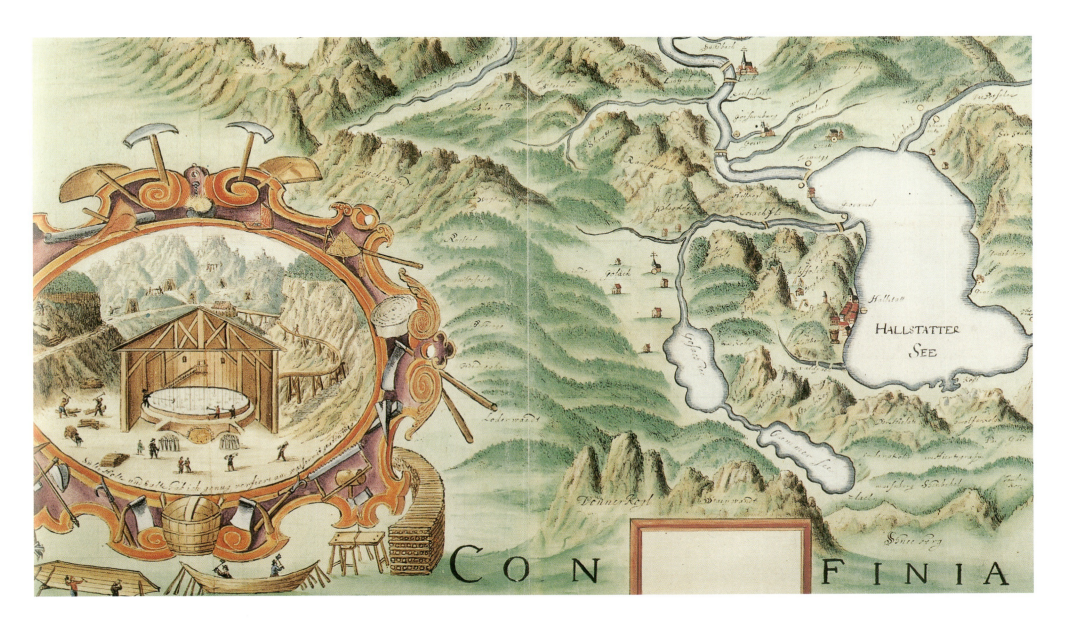

Hornspitz, Mandlberg und Große Wand auf, auch »Der Stein« und das »Schneegebirg« sind zu lesen. Der Dachstein selbst wird nicht genannt, das ist wohl mit ein Grund, weshalb es in der Anfangszeit der Erschließung zu Unklarheiten kam zwischen den beiden Gipfeln Dachstein und Torstein. Sie werden in den Veröffentlichungen der ersten Reisenden fast synonym verwandt.

Nicht die absolute Geheimhaltung, sondern gerade die Erstellung von allgemein zugänglichem Kartenmaterial war eine der Zielsetzungen des neu gegründeten Alpenvereins, um so seinen Mitgliedern die Planung und Durchführung von Touren zu erleichtern. Seit 1865 widmet sich der ÖAV dieser Tätigkeit, seit 1873 in Zusammenarbeit mit dem Deutschen Alpenverein. Für den Dachstein gibt es seit 1915 eine Alpenvereinskarte. Seither wurden bereits acht verschiedene aktualisierte Ausgaben beziehungsweise Nachdrucke herausgegeben. Die derzeit jüngste stammt aus dem Jahr 2005 und stellt für den Dachsteinstock das detaillierteste Kartenmaterial dar. Das Hauptaugenmerk der Aktualisierungen richtet sich auf den Rückgang der vergletscherten Flächen und auf Veränderungen beim Wegenetz.

Gipfelschau vom Dachstein: Torstein und Mitterspitz als nahe Trabanten. Hochkönig, Tennengebirge und Berchtesgadener Alpen als ferne Inseln.

Dachsteinforscher Friedrich Simony und seine Zeit

»*Er schuf mir die schönste, die erhabenste Stunde meines Lebens.*«

Friedrich Simony

❖

Friedrich Simony, der große Erforscher des Dachsteins, äußert anlässlich einer Übernachtung auf dem Gipfel im September 1843 diese Worte. Im Jahr zuvor hatte er bei seinem ersten Besuch am Dachstein gemeinsam mit dem Führer Johann Wallner die erste Überschreitung des Berges durchgeführt. Es war zugleich erst die sechste Besteigung überhaupt. Die Dachsteingruppe wurde nicht sonderlich früh erschlossen, wenn man bedenkt, dass schon im Jahr 1786 der erste Mensch am Montblanc stand und somit der höchste Alpengipfel »bezwungen« war. Großglockner, Ortler, Jungfrau und Finsteraarhorn sollten bis ins Jahr 1812 folgen, um nur einige anzuführen.

Die ersten Versuche

Zu Beginn des 19. Jahrhunderts werden auch die Gipfel des Dachsteingebiets aus ihrem Dornröschenschlaf geweckt. Am 3. September 1810 wissen wir erstmals namentlich von einem Versuch, den Dachstein zu erreichen. Franz Joachim Ritter von Kleyle begibt sich zusammen mit einheimischen Führern auf den Hallstätter Gletscher. Allerdings nur »1500 – 2000 Schritte«. Man meint die Erleichterung herauszuhören, als er in seinen »Rückerinnerungen an eine Reise in Oesterreich und Steyermark« berichtet, weshalb nach so kurzer Strecke der Versuch aufgegeben wurde: »Dann aber drängt sich die Eisdecke bauchförmig hervor, und es ist selbst mit Steigeisen nicht möglich, über die Wölbung hinaufzukommen.«

Kleyle kommt jedoch nicht als zufälliger Besucher in die »österreichische Schweiz« wie das Salzkammergut damals heißt. Kleyle ist Sekretär des Erzherzogs Johann. Von seinem Bericht angeregt versucht zwei Jahre später Erzherzog Karl, Johanns älterer Bruder, bis zum Dachsteingipfel zu kommen. Am 27. August 1812 startet die Gruppe von der Gjaidalm und steigt zum Hallstätter Gletscher auf. Damals reicht das Eis weit hinab in Richtung des heutigen Unteren Eissees. Am Gletscherrand »wurden die Steigeisen angeschnallt

Von der Nordseite sieht der 2947 m hohe Torstein (rechts) tatsächlich wuchtiger und höher aus als der Dachstein, 2993 m.

und der Marsch auf dem Eise fortgesetzt. Das Vorwärtskommen war schwierig, und man musste öfters Halt machen. Als man einen für die Aussicht günstigen Punkt erreicht zu haben glaubte, gab man das weitere Vordringen auf.« Der Erzherzog mag zwar einige Jahre vorher Napoleon besiegt haben, der Dachstein ist vorerst aber noch nicht zu bezwingen. Immerhin wird jener untere Teil des Hallstätter Gletschers ihm zu Ehren »Karlseisfeld« genannt. Heutzutage ist dieser Gletscherteil abgeschmolzen, davon hatte der Erzherzog nicht einmal geträumt.

Torstein, der höchste Gipfel?

Das Vorhaben ruht wieder einige Jahre, bis Erzherzog Johann im Jahr 1817 einen regelrechten Auftrag zur Erforschung des Dachsteingebiets vergibt. Selbst ein ausgesprochen bergbegeisterter Mensch, war er 1810 von der Gjaidalm über das Modereck und die Feisterscharte nach Schladming gewandert und hatte dabei das Gerücht vernommen, ein Jäger habe den Torstein vor Jahren schon erstiegen. Damals geht man davon aus, dass der Torstein die höchste Erhebung des Gebirgsstocks ist. Kein Wunder, nur fünfzig Höhenmeter trennen die beiden höchsten Gipfel der Dachsteingruppe und vor allem bei den Zustiegen von Norden wirkt der Torstein höher und mächtiger als der Dachstein. Folgerichtig liegt dem Erzherzog der Torstein mehr am Herzen. Der kaiserliche Jäger Jakob Buchsteiner aus Schladming, genannt »Schladminger Jackl«, soll eine erste gesicherte Besteigung versuchen. Doch erst zwei Jahre später steigt Buchsteiner allein über die Nordost-Eisrinne auf und – nachdem er den Gipfel erreicht hat – auch wieder ab. Als hätte er geahnt, dass man seine Leistung anzweifeln könnte, lässt er eine Flintenkugel, einen Feuerstein und ein Stück Brot unter einer großen Steinplatte am Gipfel liegen.

Den Beweis seiner Erstbesteigung bringt er 1823, fünf Jahre später. Der Vermessungsoffizier Mikitsch kommt damals nach Schladming und versucht Buchsteiner zu überreden, den Torstein nochmals zu besteigen und eine Stange am Gipfel aufzustellen. So soll der Gipfel für die exakte Vermessung seiner Höhe leichter anvisiert werden können. Aber auch die Prämie von einem Dukaten »zieht« nicht. Erst als der Ramsauer Georg Kalkschmied sich bereitfindet ihn zu begleiten, lässt er sich dazu bewegen. Man wählt dieses Mal eine andere Route, man will über die Südostkante aufsteigen, denn Buchsteiner hat die Schneerinne in schlechter Erinnerung: Im Abstieg war er seinerzeit gestürzt und nur mit viel Glück unten »halb zerschmettert« angekommen. Aber auch an der Südostkante sehen sich die beiden Männer größten Schwierigkeiten ausgesetzt. Zudem erweist sich der Begleiter Kalkschmied nicht als wirkliche Hilfe. Was sie dem Vermesser nach ihrer Rückkehr berichten, ist Folgendes:

»Sie seien am 5. August 1823 zeitlich früh aus der Neustadtalpe, ihrem gewesenen Nachtquartier aufgebrochen, haben eine Hacke, einen Krampen auf kurze Stiele gestellt, und am Fuße des Thorsteins, wo noch etwas Holz wächst, eine 8 Fuß lange Stange genommen. Sind dann auf der westlichen Seite des Berges bei der Patcher Schwaigerhütte (der heutigen Bachlalm) vorbei, um 8 Uhr früh auf die Scharte (Windling genannt) gekommen, bei welcher sie auch schon das ewige Eis erreicht hatten.

Von dieser Scharte wandten sie sich südlich in die Richtung gegen die früher verlassene Alpe. Ihr weiterer Weg an der Ostseite des Thorsteins zwischen den häufig übereinander gekreuzten grundlos scheinenden weit geöffneten Eisklüften war so beschwerlich und gefahrvoll, dass sie erst gegen drei Uhr nachmittags an jene Stelle kamen, von der man in das schöne Tal Ramsau, und in einen Abgrund gegen die Neustadtalpe sieht. Von hier mussten sie sich nordwestlich wenden, und nach einigem Fortschreiten gelangten sie auf einen, durch das Schmelzen und Wiederfrieren des Schnees zu hartem Eise gewordenen, sich gegen die Bergspitze hinziehenden schneidigen Rücken.

Nachdem auf allen übrigen Seiten, von der Bergkuppe nur brettartige Felsensteine herabhängen, so war es natürlich, dass sie nur auf diesem Eisrücken ihrem Ziele näher konnten. Da sie von diesem Rücken westlich, in einen tiefen Abgrund, östlich aber in die vielen Schlünde von Eisklüften sahen, glaubten sie den weiteren Versuch um so mehr aufgeben zu müssen, als Kalkschmied sich auf dieser Schneide nicht mehr im Gleichgewicht erhalten konnte, noch weniger aber, von dem mitgenommenen Werkzeug etwas zu tragen erklärte.«

Was bleibt Buchsteiner da übrig? Gleichermaßen erschöpft machen sie Pause. Dann aber steht für Buchsteiner fest, dass sie weitergehen sollten. Es kommt wohl zu einem Wortwechsel, der damit endet, dass Buchsteiner sich die

Hacke und den Krampen umbindet, die besagte Stange nimmt und weitergeht. Kalkschmied bleibt damit auch keine andere Wahl. Obwohl der Eisrücken nach ihren Angaben nur 400 Schritte lang ist und sie von dessen oberem Ende nur 120 Schritte vom Gipfel trennen, benötigen sie 2½ Stunden. Dann stehen Buchsteiner und Kalkschmied am Gipfel des Torsteins, es ist die zweite Besteigung. Doch am Gipfel ist eine Tour bekanntlich noch lange nicht zu Ende. Man hat einen gefährlichen Abstieg vor sich und nur noch wenig Zeit bis zum Einbruch der Nacht.

»Um halb 6 Uhr nachmittags also befanden sich diese zwei verwegenen Bergsteiger auf der aus verwittertem Gestein bestehenden Kuppe, versenkten in der Mitte derselben, um welche nicht mehr als drei Menschen knapp an einander stehen können, die Stange (wie es bei solchen Leuten, so oft sie sich auf einer Anhöhe befinden, gewöhnlich ist) unter Jauchzen und Singen.

Sobald sie den Rückzug antraten, schwand dem Kalkschmied gar bald die Freude, weil sie sich da beim Herabsteigen, im steilen Gebirg´, mit dem Leibe vorwärts gekehrt, entweder an der Seite oder rückwärts mit den Händen festhaltend, ein weit kleineres Ausschreiten mit den Füßen, rückwärts herabkriechend aber, die größte Ungewissheit des Tritts zum Nachteil hat, in einer weit größeren Gefahr, als bei ihrem Weg aufwärts sahen.

So kamen sie an eine Stelle, über die Jäger Buchsteiner mit einem gewagten Sprung auf Glatteis bei 10 Schuh tief glücklich kam. Aber Kalkschmied, da seine Fußeisen schon ganz krumm, und die Zacken derselben sehr stumpf waren, äußerte sein Unvermögen zum Weitergehen mit dem Zusatz, da, wo er sitze, zu bleiben und zu erfrieren.«

Wieder redet Buchsteiner auf ihn ein und hilft ihm schließlich über die schwierige Stelle hinweg, indem er von unten mit seinem und Kalkschmieds Stock versucht, seine Füße zu stützer. Man mag sich die Szene gar nicht

In der Steinerscharte mit Blick auf Mitterspitz und Torstein, über dessen linke Kante Buchsteiner und Kalkschmied aufstiegen.

vorstellen, wie die beiden zwischen Gletscherspalten und Abgrund ihren Balanceakt vollbringen. Die schwierigen Stellen sind noch lange nicht überwunden und als die Dämmerung hereinbricht, halten die beiden es für zu gefährlich, über den spaltigen Gosaugletscher weiterzugehen. Auf einem Felsen verbringen sie die Nacht im Freien. Mit »Gespräch und Tabakrauchen« halten sie sich wach und steigen am nächsten Tag über den Gosaugletscher, den Hallstätter und Schladminger Gletscher hinüber Richtung Koppenkarstein, um über das Koppenkar und das Feisterkar nach Ramsau abzusteigen und am nächsten Morgen »früh um 8 Uhr« in Schladming dem Vermesser zu berichten.

Der Dachstein muss noch auf den großen Ansturm warten, denn zunächst bleibt der Torstein weiterhin im Mittelpunkt: Peter Gappmayr gelingt in den Jahren 1825 und 26 die dritte und vierte Besteigung des Torsteins, jeweils über den Südostgrat. Leider ist über ihn nicht viel bekannt: 1789 in Filzmoos als Sohn des Löckenwaldbauern geboren, heiratet er dort 1821 die Tochter des Wallehenbauern. Dessen Hof übernimmt er später. 1868 stirbt er in Filzmoos.

Dreitausender Dachstein?

Der Filzmooser Peter Gappmayr ist es auch, dem einige Jahre später die Besteigung des Hohen Dachsteins als erstem gelingt. Obwohl 1818 eine siebenköpfige Gruppe unter Buchsteiners Führung erkannt haben will, dass ein Anstieg von der Gosauer Seite nicht möglich ist, steigt Gappmayr 1832 von dieser Seite her kommend über den Westgrat allein auf und wieder ab. Wie schon Buchsteiner am Torstein so auch hier ganz aus eigenem Anlass, ohne fürstlichen Auftrag. Dass der Hohe Dachstein noch höher ist als der Torstein, weiß man damals bereits. Die Vermessungen ergeben teils sogar eine Höhe von über 3000 Metern. So gibt Friedrich Simony im Jahr 1846 nach drei Höhenmessungen mittels Barometer 3000,5 Meter an. Später sollte er diese Angabe jedoch berichtigen. Für seine Zeit übrigens ein durchaus verzeihbarer Fehler, erscheint doch selbst im Jahr 1954 noch ein Werk mit dem Titel »Dachstein, der östlichste Dreitausender der Alpen«.

Auch bei der zweiten, der dritten und vierten Besteigung ist Gappmayr jeweils mit von der Partie: Zwei Jahre nach der Erstbesteigung führen er und sein Bruder Adam den Salzburger Peter Karl Thurwieser auf den Gipfel. Thurwieser ist Bibelforscher und Orientalistikprofessor. Als Bergsteiger macht er sich einen Namen durch zahlreiche Erstbesteigungen, zum Beispiel am Hochkönig. Eigentlich will Thurwieser auf den Torstein. Da das Geschwisterpaar Gappmayr ihm aber den Dachstein schmackhaft macht, willigt er ein und man bricht noch am selben Tag zur Sulzenalm auf. Um 2:45 Uhr steigen die drei über die Windlegerscharte zum Gosaugletscher auf und von hier auf dem bekannten Weg zum Gipfel. Bei dieser Gelegenheit kommt auch ein erstes, einfaches Holzkreuz auf den Dachstein. Im Tal nimmt man regen Anteil an der Ersteigung. Der Vikar von Filzmoos hat schon in den frühen Morgenstunden sein Fernglas auf den Dachstein gerichtet. Als er endlich einen »schwarzen Fleck«

Im Sommer apert der Randkluftanstieg zum Dachstein oft gefährlich aus.

am Gipfel sieht, ist die Erleichterung groß. Bis in den Nachmittag hinein wandert das Fernrohr »von Aug zu Aug«. Jeder will sich selbst davon überzeugen, dass am Dachsteingipfel Menschen stehen. Knapp 200 Jahre später ist es eher sensationell, wenn man am Dachstein keinen Menschen sieht.

Wieder vergehen zwei Jahre, bis Peter Gappmayr zum Dachstein aufsteigt. Wieder mit seinem Bruder Adam und dieses Mal mit Alexander Budiwitter zusammen. Wieder begehen sie den Westgrat, an dessen Fuß sie drei weitere Teilnehmer zurücklassen, den Justiziar Wagner, Bezirksarzt Melnitzky und einen Träger. Die hohen Herren hatten beim Anblick des Weiterwegs ihre Fähigkeiten »überdacht«. Zum nächsten Aufstieg sollten vier Jahre vergehen. Gemeinsam mit Mathias Grill und Georg Hinterer steigt Gappmayr 1840 erneut auf.

Einen neuen Weg eröffnen dann Johann Ramsauer und Franz Linertner aus Kaltenbach bei Bad Ischl im Folgejahr, als sie über die Nordost-Flanke zum höchsten Punkt steigen. Durch den Bau der Hunerkogelbahn ist dieser Aufstieg, auch Randkluft-Aufstieg genannt, heute der am häufigsten begangene.

Im September 1842 schließlich steht Friedrich Simony das erste Mal am Gipfel. Gemeinsam mit dem Hallstätter Führer Johann Wallner, »dem unzertrennlichen Gefährten« gelangt er über die Randkluft und die Gipfelschlucht, wo »ein recht abscheuliches Klettern« beginnt, zum höchsten Punkt. Über den Westgrat steigen sie ab. Für die Erforschung und die Erschließung des Dachsteingebiets bricht mit Simony eine neue Ära an.

Eine einsame Spur führt über den Westgrat auf den Dachsteingipfel.

Heute ist der Dachstein im Winter auch ohne Leuchter, Kerzen und Schneeschaufel erreichbar.

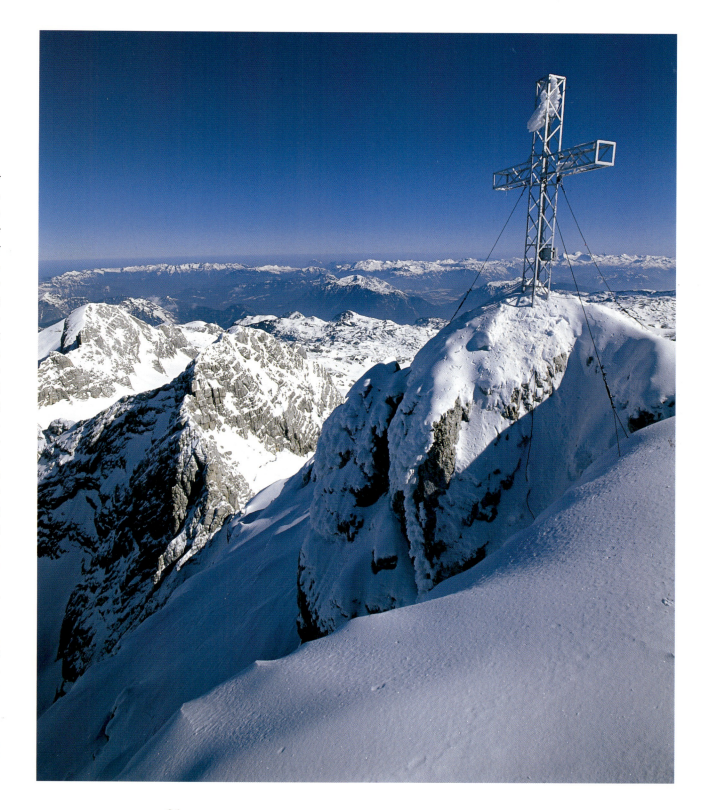

Simonys Dachsteinabenteuer im Dezember 1842

Im selben Jahr brechen Simony und Wallner nochmals auf, denn Simony möchte den Beweis antreten, dass das Gebirge auch im Winter keinesfalls lebensgefährlich ist. Nach einer längeren Schlechtwetterphase im Dezember 1842 beschließt er sein »lang genährtes Vorhaben« auszuführen, »auf dem Karlsgletscher im Winter gewisse wissenschaftliche Beobachtungen anzustellen (nämlich zu beweisen, dass man im Winter im Gebirge nicht zwangsweise sterben muss) und zugleich auch einige Vorbereitungen für künftige Untersuchungen oben zu treffen.« Simony und Wallner wollen von Hallstatt durch das Echerntal zur unteren Wiesalm aufsteigen, am nächsten Tag den Hallstätter Gletscher erkunden und am dritten Tag wieder nach Hallstatt absteigen. Sie sind sich ihrer Sache sicher, während laut Simony für die Hallstätter »die Wahrscheinlichkeit, ja fast Gewißheit unseres Untergangs« ebenso feststeht. Aus überzeugter Dickköpfigkeit bricht Simony am nächsten Tag auf, die Rucksäcke füllen sich mit allerlei Ausrüstung:

»Während meine freundliche Wirtin Stadler eine reichliche Menge von allerlei Lebensmitteln in Bereitschaft zu bringen besorgt war, füllte ihr Gemahl zwei steinerne Krüge mit seinem besten Weine, welchem er noch eine Flasche Kirschengeist als besonderes Herzstärkungsmittel beifügte. Hierauf wurden die Lebensmittel, dann einiges Kochgeschirr, Leuchter, Kerzen, ein langer Strick, ein Beil, zwei Mäntel, Schneereifen und Steigeisen in zwei Päcke verteilt, wovon jeder über 30

Pfund wog. Nachdem alles auf diese Weise zur Abreise geordnet war, nahmen wir jeder unsere zugedachte Last auf den Rücken, ich meinen Alpenstock, Wallner statt desselben eine mächtige Schneeschaufel, und so traten wir dann, begleitet von den Segenswünschen der besorgten Hallstätter, unsere Wanderung an.« Am Waldbach entlang steigen sie auf, bei der Tropfwand treten die ersten Schwierigkeiten auf, da viel Lockerschnee eingeweht ist und das Weiterkommen im Blockgelände mühsam macht. Direkt unter der Tropfwand wagen sie nicht zu gehen, da dort »drohend unzählige, ein bis drei Klafter (1 Klafter = 1,9 Meter) lange Eiszapfen« hängen. Trotz der Gefährlichkeit hört man aus dem Bericht Simonys Begeisterung für die Schönheit der Natur: »Auf dem dunkelgrauen Grunde der Wand machten sich die kristallhellen, großartigen Stalaktiten ganz prachtvoll.« Der Weiterweg fordert dann alle Aufmerksamkeit, immer wieder sinken die beiden bis zur Brust ein, manchmal stecken Wallner oder Simony so unglücklich zwischen den Blöcken fest, dass sie sich gegenseitig herausziehen müssen. Die schweren Lasten tun ein übriges. Nach vier Stunden erreichen sie die Grubalm, müde und mutlos. Der zu erwartende Spott im Tal, Wallners Stolz als Führer und Simonys wissenschaftliche Neugier lassen sie dennoch weitergehen.

Mit den Schneereifen an den Füßen steigen sie zum oberen Tiergarten und durch die Herrengasse, »ein abscheuliches Felsgeklüfte«, zur Wiesalm auf, wo sie mitten in der Nacht ankommen. Aus den umliegenden Almhütten tragen sie Holz zusammen, schüren den Ofen und schmelzen Schnee. Simony vergisst nicht die Nachtmahlzeit zu beschreiben, die dank seiner Kochkunst entsteht: »Eine vortreffliche Wassersuppe, aus Schnee, Schmalz, Zwiebel, Brot und Salz bereitet, überaus vortreffliche Rostbraten und noch viel vortrefflichere Kalbskoteletten waren die Hauptbestandteile unseres Soupers, und wie geschickt ich dabei zu Werke gehen musste, ist daraus zu ersehen, daß dies alles in einer und derselben Pfanne über weitsprühendem, hochqualmendem Krummholzfeuer, freilich in verschiedenen Zeitperioden, zubereitet wurde.«

Anschließend macht er nun Temperaturmessungen und – weil er noch nie eine Mondnacht im Winter auf dieser Höhe genossen hat – steigt er mit Wallner zusammen zu einem der benachbarten Gipfel auf. Hier erleben sie den Mondaufgang, bewundern das Blitzen der unzähligen Schneekristalle und der ebenso zahllosen Sterne. Nur der Gedanke an die stark verkürzte Nachtruhe lässt sie zur Wiesalm absteigen. Höchst witzig beschreibt Simony den Versuch, gemeinsam mit Wallner

Aussicht auf Dachsteinstock, Gosaukamm und Plassen. Die Schafe interessieren sich aber mehr fürs Gruppenbild.

im Sennerinnenbett zu übernachten. Viel zu kurz und zu schmal ist es für die zwei Männer. Der hintere hat zudem mit einem niedrigen Balken auf Kopfhöhe zu kämpfen, dem vorderen droht der Absturz, da die Betten auf der Alm damals nicht zu ebener Erde stehen. Nach zwei unbequemen Stunden räumt Simony seine Betthälfte.

Noch in der Dunkelheit steigen sie auf zur Ochsenwieshöhe, wo sie das Ende der Nacht und den Anbruch des Tages erleben. Ein Farbenschauspiel beschreibt Simony, angefangen von Rabenschwarz und nächtlicher Bläue erhellt vom Silberlicht des Mondes. Vom purpurnen Schleier Aurorens schwärmt er, von wunderbarem Violblau und feinem Rosenrot, bis schließlich der feurige Rubin der Sonne auftaucht. Selbst Führer Wallner ist angetan, »meint aber nebenbei doch, es sei ihm trotz des schönen Sonnenaufgangs sehr kalt geworden.«

Richtung Schöberl steigen sie weiter, vorsichtig zahlreichen Dolinen ausweichend. Auf dem Weg zum Gletscherrand haben sie aber – wie Simony es nennt – einen »kleinen Unfall«: Sie werden beide von einer Lawine erfasst. Simony ist bei Stillstand der Schneemassen nicht vollständig verschüttet, er kann sich ausgraben und so auch Wallner lebend bergen. Scheinbar unbeeindruckt setzen sie den Weg fort, schließlich möchte der »Dachsteinprofessor« herausfinden, ob der Gletscher im Winter durch die Erdwärme schmilzt oder nicht. Das kann nur festgestellt werden, wenn man die Gletschermassen von der Unterseite inspiziert. Genau das tut Simony: Sie schlüpfen in eine der Eishöhlen hinein, die sich am Gletscherrand auftun. Was Simony über das

---

Friedrich Simony

* *1813 in Hrochowteinitz*
† *1896 in St. Gallen*

wird in Böhmen als uneheliches Kind geboren. Er wächst bei verschiedenen Verwandten in Böhmen, Mähren und Ungarn auf, bis er als Zweiundzwanzigjähriger nach Wien kommt. Obwohl er nur einen Abschluss als Apotheker nachweisen kann – damals kein akademischer Abschluss –, darf der wissbegierige junge Mann mit Sondergenehmigung ein naturwissenschaftliches Studium aufnehmen. Erste Reisen nutzt er, um Sammlungen von Fossilien, Gesteinen und Pflanzen anzulegen sowie sein großes zeichnerisches Talent zu schulen. 1840 bringen ihn diese Reisen erstmals zum Dachstein. Ein halbes Jahrhundert über bleibt er ihm treu und erforscht die Gegend unter verschiedensten Gesichtspunkten: Seine Gletscher, die Karsterscheinungen, Wetterphänomene, die Gewässer und Wälder, den geologischen Aufbau. Seine Beobachtungen dokumentiert er genauestens in 86 Tagebüchern und knapp 200 selbstständigen Veröffentlichungen.

Mit 35 Jahren wird er zum Kustos des Landesmuseums Klagenfurt ernannt, drei Jahre später übernimmt er die erste Geographieprofessur in Österreich an der Universität Wien. Über 30 Jahre hinweg bestimmt er die Richtung des neuen Faches. Praxisbezug, Lehrtätigkeit und hoher wissenschaftlicher Anspruch lauten die Prämissen.

1889 - 1895 erlebt Simony die Herausgabe seines Lebenswerks »Das Dachsteingebiet«. Die dreibändige Monographie fasst seine Forschungstätigkeit zusammen und macht den Dachstein zum damals besterforschten Gebiet der Alpen. Simonys älterer Sohn Oskar unterstützt ihn dabei, denn der »Dachsteinprofessor« ist in den letzten Lebensjahren an den Rollstuhl gefesselt und völlig erblindet.

»Kristallgewölbe des Gletschers« schreibt, über »jenes Blau, Grün und Weiß«, das »ganz vollkommene Ähnlichkeit mit dem reinsten Bergkristalle« hat, begeistert später nicht nur die Damen und Herren der Wiener Salons, sondern regt auch seinen Freund Adalbert Stifter zu seiner Novelle »Bergkristall« an. Den eigenen 35-seitigen Bericht über die »Drei Dezembertage auf dem Dachsteingebirge« veröffentlicht Simony später in der »Wiener Zeitschrift für Kunst, Literatur, Theater und Mode«.

Sternbahnen über dem Dachstein. Friedrich Simony übernachtet schon im Jahr 1843 am höchsten Punkt.

Folgende Doppelseite: In Falllinie des Dachsteingipfels steigen heute die meisten Bergsteiger auf. Hundert Höhenmeter Fels gilt es zu überwinden.

Überhaupt versteht es Simony, seine Umgebung nicht nur zu überzeugen, sondern sie auch zu begeistern. Bereits im Folgejahr wird die Erschließung des Dachsteins vorangetrieben. Finanziell unterstützt von den Erzherzögen Ludwig und Franz Karl sowie von Fürst Metternich, lässt er im September 1843 den Anstieg zum Dachstein versichern, indem er vom Gipfel herab bis über die Randkluft ein fast 200 Meter langes Seil anbringt, das durch zwanzig Eisenringe läuft. Der erste versicherte Steig der Ostalpen ist entstanden! Über zwanzig Jahre später sollte auch der Westgrat versichert werden und 1878 wird der Schulteranstieg in Eisen gelegt, da aufgrund zunehmender Ausaperung die Randkluft nicht mehr zu begehen ist. Außerdem baut Simony im Jahr 1843 eine kleine Unterstandshütte. Als »Hotel Simony« duckt sich der winzige Steinbau knapp unter der heutigen Simonyhütte an die Felswand. Von besonders puritanischen Bergsteigern wird sie heute noch als regengeschützter Übernachtungsplatz genutzt.

Die erste Übernachtung am Gipfel

Noch größere Beachtung findet Simonys Unternehmung im September 1843, als er zwei Nächte auf dem Gipfel verbringen will. Zum Beweis plant er ein großes Signalfeuer zu entzünden, das selbst in Bad Ischl noch gut erkennbar ist. Acht Männer und die Sennerin Nanni begleiten ihn, um das Gepäck zu tragen inklusive Barometer und Thermometer und die Arbeiten an den Sicherungen fortzuführen. Nachts um drei Uhr bricht die Gruppe von der Wiesalm auf. Als sie auf der Speikleiten sind, bricht der Tag an. Doch am Gletscher scheinen die Pläne kurzfristig gescheitert, da von der langen Leiter, die Simony bereits vorher an der Randkluft hat anbringen lassen, jede Spur fehlt. Erst als sie unmittelbar vor der Wand stehen, erkennen sie, dass die Leiter fast völlig eingeschneit ist. Drei Stunden lang wird sie ausgegraben und das Seil zum Gipfel nach und nach von seiner Schneelast befreit. Dann erst sind die 250 Höhenmeter bewältigt und der Dachstein erneut erreicht.

»Aus is, hat's da a Luft, da mecht i frei allweil sein!«, ruft Nanni begeistert aus und rollt voll Übermut große Felsblöcke die Südwand hinab. Das gefährdet 1843 noch niemanden, bis zur Ersteigung der Dachstein-Südwand vergeht noch ein halbes Jahrhundert.

Friedrich Simony verbringt den Tag am Gipfel damit, das Panorama zu zeichnen, die anderen arbeiten an der neuen Steiganlage. Mit Johann Wallner und Josef Thalhammer übernachtet Simony am Gipfel. Am meisten beeindruckt ihn der Blick auf den riesigen Schatten, den der Dachstein wirft: »Starr schaue ich hin auf das von Glorienlicht umstrahlte Schattenbild. Wieder wird es dunkler zu meinen Füßen; schon glaube ich aus dem Düster, welches wie das Weltgeheimnis sich dichter und immer undurchdringlicher unter mir lagert, das heilige Antlitz der Gottheit selbst hervortreten zu sehen, da schreckt ein plötzliches Verdunkeln rings um uns mich auf, die Sonne ist untergesunken und wie ein Blitz verlischt das Licht des Tages auf der Dachsteinspitze.«

Eine lange, kalte Nacht folgt. Sie vergeht mit Schnee schmelzen, dem Entfachen des verabredeten »bengalischen Feuers« und mit viel Kaffee. Am Ende dieser Nacht steht der Sonnenaufgang am Dachstein, von dem Simony sagen wird, es war »die schönste, die erhabenste Stunde meines Leben.«

»Bald nach halb fünf Uhr zeigt sich die erste Spur des nahenden Tages im Erbleichen des Mondes und des Morgensternes. Um den Zenit herum wird das nächtliche Blau des Himmels etwas lichter und dieses Erhellen scheint sich erst von da nach Osten zu verbreiten. ... Vergebens wäre es, alle jene Steigerungen von Licht und Schatten, von Farben und deren Wechsel bezeichnen zu wollen, die vom ersten Dämmern des Morgenrots bis zur vollen Tageshelle der aufgegangenen Sonne sich in dem ungeheuren Rundgemälde allmählich entfalteten. Nur der überraschendsten Augenblicke will ich erwähnen, die sich im Verlaufe des Sonnenaufganges meinem Auge darboten. Nach den mehrfachen Übergängen des ersten fahlen Zwielichts ins sanfte Morgenrot und aus diesem ins feurige Goldgelb, welches allmählich den östlichen Himmel übergießt, blitzt endlich über den rabenschwarzen Zackensaum der Berge das erste Segment des Sonnenballes, ein Feuerstrahl schießt urplötzlich auf die Spitze des Dachsteins und ebenso schnell ist der bis jetzt von Dämmerung umfangen gewesene Felsen beleuchtet. Ringsum erblickt das Auge, so weit es immer reichen mag, außer der Dachsteinspitze noch keinen einzigen beleuchteten Punkt; der nahe Hochgolling, gleich östlich mit dem Dachstein gelegen, ist noch vom Dunkel umhüllt, die westlicher gelegenen, aber viel höhern Gletscherhörner des Glockners, Wiesbachhorns und Venedigers stehen noch matt und glanzlos da.«

Einer der markantesten Berge ist der Doppelgipfel Bischofsmütze. Ihre Erstbesteigung ist ungeklärt.

Die Erschließung der großen Wände

»*Alle bisher projectirten Routen durch die Südwände der Dachsteinspitzen haben sich als hoffnungslos erwiesen. Eine Ersteigung derselben ohne Anwendung künstlicher Hilfsmittel liegt ausserhalb des Bereiches menschlicher Kraft und menschlichen Könnens. ... Unserer Ansicht nach wird das Problem einer Ersteigung der Südwände der Dachsteinspitzen ungelöst bleiben, ehe dieselben nicht bis zu ihrer Basis herab verwittert sind.*«

Dr. Carl Diener, 1884.

❖

Seit es Bergsteiger und Kletterer gibt, lösen sie »letzte Probleme«. Manche dieser Aufgaben beurteilen wir im Rückblick als unbedeutend und mit größerem zeitlichen Abstand geraten sie in Vergessenheit. Dann wieder hält ein Gipfel oder eine Wand eine ganze Generation in Atem und sowohl erfolglose Versuche wie schließlich die »Lösung des Problems« gehen in die Alpingeschichte ein und bleiben in Erinnerung, ja sie fesseln noch viele Jahrzehnte später die Menschen.
Nachdem 1832 der Gipfel des Dachsteins erreicht ist, heißen die Probleme nun Bischofsmütze und Dachstein-Südwand.

Große und Kleine Bischofsmütze

Unter der Rubrik »Die Gipfel zweiten Ranges« erscheint die Bischofsmütze im dreibändigen Werk »Die Erschließung der Ostalpen«, das von August von Böhm 1893 herausgegeben wurde. Hält man sich lediglich an die Höhe des Berges, so mag das gerechtfertigt sein. Die 2455 Meter markieren zwar den höchsten Punkt des Gosaukamms, im zentralen Dachsteinstock wird diese Höhe aber von vielen Gipfeln erreicht. Trotzdem zählt die Bischofsmütze zu den markantesten Berggestalten der Ostalpen. Der Doppelgipfel hat dem Berg zu seinem Namen verholfen, früher war er unter »Schwingerzipf« oder »Teufelshörner« bekannt. Als Schwingerzipf bezeichnet man heute nur noch die kleinen Türme im Nordosten der Mütze.
Ganz geklärt wird die Erstbesteigung der beiden Gipfel der Bischofsmütze wohl nie mehr werden. Mit Sicherheit lässt sich nur feststellen, wer die Große Mütze nicht erstbestiegen hat:

*»Da sprach die Bischofsmütze:
Ich steh auf deutschem Grund.
Der Deutsche kommt zur Spitze,
der Welsche, der bleibt drunt.«*

> **Alfred Markgraf Pallavicini**
>
> * 26.5.1848 in Ödenburg,
> † verunglückt 26. 6. 1886 am Großglockner
>
> stammt aus einem alten italienischen Adelsgeschlecht. Nach einer Karriere im österreichischen Militärdienst widmet er sich vor allem seiner Leidenschaft, dem Bergsteigen. 1876 gelingt ihm die Tour, die am meisten zu seiner Bekanntheit beigetragen hat: die Ersteigung der Eisrinne am Großglockner, der Pallavicini-Rinne. Aber auch an der Pala di San Martino, an der Königsspitze und am Montblanc unternimmt Pallavicini große Touren, meist Erstbegehungen.
> Da er sein Sommerdomizil gewöhnlich im Salzkammergut aufschlägt, ist er häufig am Dachstein unterwegs. Dachsteingipfel und Torstein hat er des Öfteren bestiegen. An der Kleinen Bischofsmütze steht er vermutlich als erster.
> Markgraf Pallavicini ist auch eines der Gründungsmitglieder des Österreichischen Alpenclubs.
> Er verunglückt am 26. 6. 1886, als er zusammen mit seinem Gefährten Crommelin und zwei Führern den Übergang von der Großwand zum Großglockner erkundet. Durch einen Wechtenbruch stürzen alle vier Bergsteiger tödlich ab.

So dichtet der evangelische Pfarrer Kotschy aus der Ramsau im Jahr 1879 aus Schadenfreude darüber, dass Einheimische den Gipfel erstbestiegen hatten und nicht eine »fremde« Seilschaft.

Im Juni 1879 hatte es mehrere Versuche gegeben, die Bischofsmütze zu ersteigen. Am 1. Juni wollten Richard Issler, Anton Sattler und Johann Knauss von der Kamplscharte aus den Gipfel von Westen erreichen. So früh im Jahr lag jedoch noch zu viel Schnee. Außerdem erschwerte dichter Nebel die Orientierung, die drei Bergsteiger mussten daher bald umkehren.

Mitte Juni geht in der Ramsau das Gerücht um, Fremde würden von der Pehabalm aus versuchen den Berg zu bezwingen. Die Fremden, das sind Markgraf Pallavicini, Anton Posselt-Csorich und Heinrich Ritter von Rumpler. Mindestens ebenso schlimm mögen die Ramsauer die Tatsache empfunden haben, dass nicht sie als Führer engagiert worden waren, sondern die bekannten Dolomitenführer Santo Siorpaes und Arcangelo Dimai aus Cortina. Johann Schrempf, vulgo Auhäusler, und Johann Steiner steigen prompt in Begleitung von Franz Knauss zur Pehabalm auf. Man will wissen, wie viel Wahres das Gerücht beinhaltet und im Zweifelsfall versuchen, den Fremden zuvorzukommen. Alle drei sind sie bekannte Bergführer. Auhäusler ist der Besitzer des Auwirtshauses und nebenbei Löffelmacher. Wenige Jahre zuvor hatte er durch die Beobachtung flüchtender Gämsen als Erster einen Weg durch die Südabstürze des Dachsteinstocks gefunden: über die Schwadering hinauf zur Hunerscharte. Johann Steiner ist der Vater der »Steiner-Buben«, die 1909 die Route durch die Dachstein-Südwand finden. Und Franz Knauss ist bekannt als Wildschütz und Kraftbolzen. Kurt Maix erzählt in seinem Südwandbuch, dass Knauss als Nachtisch drei Kilo Almbutter auf einmal essen konnte... Diese drei Ramsauer steigen also zur Pehabalm auf.

Zunächst meint es das Wetter aber weder mit den »Welschen« noch mit den »Deutschen« gut. Über Nacht schneit es und so ist das Vorhaben fraglich geworden. Wohl oder übel schließen sich die beiden Partien am nächsten Morgen, den 16. Juni, zusammen und steigen bis in die Mützenschlucht auf. Pallavicini und seine Begleiter entschließen sich hier, den linken Gipfel zu versuchen. Über die Westwand und den Südgrat gelangen sie zum Dritten Gipfelzacken der Kleinen Bischofsmütze. Sie bauen hier einen großen Steinmann und hinterlegen in einer Blechbüchse ihre Visitenkarten sowie eine Skizze des gewählten Aufstiegs. Mit der Schwierigkeit III- wird die Tour heute bewertet.

Ob man die Erstbesteigung wohl ausgiebig gefeiert hat? Fraglich, denn vom Gipfel der Kleinen Mütze ist eindeutig zu sehen, dass der Nachbarberg ein Stück höher ist: Heute wissen wir, dass 27 Meter Höhendifferenz zwischen den Zipfeln der Mütze liegen. Noch eine andere Schwachstelle hat die »Erstbegehung«: In Filzmoos ging die Rede, es habe sich gar nicht um eine Erstbesteigung gehandelt. Ein »Gappmayr« habe schon in den 30er-Jahren des 19. Jahrhunderts die Kleine Bischofsmütze erklommen und dort einen langen Stock aufgestellt, der noch über Jahre vom Tal aus zu sehen war. Dass es sich bei jenem »Gappmayr« um Peter Gappmayr aus Filzmoos handelt, davon kann man ausgehen. Dass er dazu in der Lage war, die Mütze zu besteigen, kann man nach den Alleingängen am Torstein und Dachstein ebenfalls erwarten. Und dass er von seinen Bergtouren nicht viel Aufhebens machte, das wissen wir.

Die formschöne Berggestalt des Dirndls. Eugen Guido Lammer erobert es »im Vorübergehen«.

Zurück zum Wettlauf um die Ersteigung der Bischofsmütze: Steiner, Auhäusler und Knauss, die sich für einen Versuch am rechten Gipfel entscheiden, gehen an diesem Tag leer aus. Ob sie tatsächlich so unbeeindruckt waren, wie Kurt Maix dies erzählt, wird wohl nie mehr geklärt werden: »Fragt der Steiner den Auhäusler: `Sag, wie heißt der eine Walsche, der Dimai, mit dem Vornam´?´ `Archangelo.´ `Was hoaßt dös auf deutsch? Franz oder Hans oder wia?´ `Naa – Erzengel.´ Da pfeift der Steiner zwischen den Zähnen: `Erzengel ... Oh, du liab´s Engerl. Flieg nur fein ummi von der Kloan auf die Große Mützen. Wirst es not haben.´«

Den eigenen Misserfolg möchten die Ramsauer nicht auf sich sitzen lassen. So statten Steiner und Auhäusler der Großen Bischofsmütze kurze Zeit später erneut einen Besuch ab. Am 28. Juni gelingt ihnen die Besteigung vom Stuhlloch und durch die Nordschlucht zur Großen Mütze. Durch die Mützenschlucht, den heutigen Normalweg, steigen sie ab. Ebenfalls mit der Schwierigkeit III- wird dieser Auf- und Abstieg bewertet. Man ist froh, den Fremden zuvorgekommen zu sein. Und im Tal singt Groß und Klein bald das eingangs zitierte »Mützenlied«.

Mit der Bischofsmütze rückt in den Folgejahren der Gosaukamm mehr in den Blick der Bergsteiger. Obwohl noch Jahrzehnte später Ludwig Purtscheller dazu aufruft, dem Gosaukamm mehr »Aufmerksamkeit und Sympathien« zu schenken, werden bis 1893 die meisten Gipfel bestiegen. Natürlich werden auch einige weiße Flecken auf der Dachsteinkarte getilgt.

Tragischen Ruhm umgibt noch immer die Nordkante des Nördlichen Manndlkogel (Licht-Schatten-Grenze), an der das Klettergenie Paul Preuß 27-jährig abstürzte.

Erstbegehungen durch Lammer und Purtscheller

Bekannte Namen tauchen in den Listen der Erstbegeher auf: Eugen Guido Lammer, Oskar Simony und Ludwig Purtscheller. Lammer gelingt am 12. September 1884 als Erstem die Besteigung des niedrigeren, aber schwierigeren Dirndls. Der formschöne Gipfel mit dem mächtigen Windkolk auf der Nordseite zieht auch heutzutage die Blicke der Wanderer auf sich. »Allein, bei tiefem Neuschnee, Nebel und Wind« steigt Lammer von der Simonyhütte auf. Vom Windkolk, den es auch damals schon gibt, überwindet er die Randkluft und erklettert über die mittlere Terrasse die obere. Die Verhältnisse sind wirklich winterlich und erst nachdem Lammer in den Weg ragende Eiszapfen abgebrochen hat, kann er zum Gipfel aufsteigen. Sein Weg wird heute mit III- bewertet.

Im Zuge der Veröffentlichung des Dachsteinwerks, das 1889 erscheinen soll und dessen Fertigstellung Friedrich Simony allein nicht mehr bewältigt, steigt sein Sohn Oskar Simony auf einige Gipfel im Dachsteingebiet, meist um Fotografien herzustellen. Darunter ist auch die Erstbesteigung des Weitgrießkopfs.

Mit der ihm eigenen Gründlichkeit widmet Ludwig Purtscheller sich dem Dachsteingebiet. Seit 1883 besucht er die Gegend immer wieder. Nachdem er in den Vorjahren bereits auf Bischofsmütze, Donnerkogel, Gamsfeld und Großwand stand, macht er sich am 28. Oktober 1888 morgens um fünf Uhr von Lungötz im Lammertal auf den Weg Richtung Stuhlalm. Die Annehmlichkeiten von günstig gelegenen Alpenvereinshütten gibt es hier damals noch nicht. Purtschellers Kondition ist also nicht nur zu Lebzeiten schon legendär, sondern auch nötig, um Touren wie diese an einem Wochenende von Salzburg aus unternehmen zu können. Immerhin findet er einen guten Saumpfad bis zu den Hütten vor. Von hier steigt er über den Latschenhang und ein schon angeschneites Geröllfeld in zwei Stunden zum Angerstein auf. »Der letzte Anstieg vollzog sich über steile Felsabsätze und über hart gefrorene Rasenbänder, die vorsichtig zu begehen waren. Nach kurzem Verweilen auf dem Gipfel wandte ich mich längs des stark verwitterten Kammes östlich und dann südöstlich, indem ich einige wild abbrechende Gratköpfe und die sie trennenden Scharten überkletterte, wobei sich prächtige Ausblicke auf den schneebedeckten Dachstein und die Gosauseen darboten, und erreichte über den als selbständige Erhebung nicht in Betracht kommenden Niederen Flachkogel in einer halben Stunde den Hohen Flachkogel. Derselbe präsentiert sich von Südosten gesehen als ein mässig ansteigender, rasendurchsetzter Kammscheitel; gegen den Vorderen Gosausee stürzt er in riesigen Steilwänden ab. Denselben nach einer Rast von 15 Minuten überschreitend, wandte ich mich über eine gut gangbare, teilweise begrünte Mulde dem Vorderen Manndlkogel zu, dessen oberster, pyramidaler Gipfelkörper eine kurze, leichte Kletterei beansprucht. Es war 11 Uhr 55 Minuten, und das Endziel der Tagesarbeit erreicht.«

Betrachtet man den Gosaukamm von Westen, so dominieren in seinem Zentrum die drei Zacken der Manndlkögel. Nur der Mittlere, auf dem Purtscheller nun steht, ist vom Tal

---

Ludwig Purtscheller

✳ 6.10.1849 in Innsbruck

✝ 3.3.1900 in Bern

arbeitet zunächst als Bergwerksbeamter und macht später die Ausbildung zum Turnlehrer. Als solcher arbeitet er in Klagenfurt und ab 1874 in Salzburg am Gymnasium und an der k. u. k. Lehrerbildungsanstalt. In Salzburg entdeckt er auch seine Liebe zum Bergsteigen. Seine Touren zeichnet er genau auf und er gilt schon bald als der Kenner des gesamten Alpenraums. Im Dachsteingebiet ist er ab 1883 immer wieder unterwegs. Erstbegehungen gelingen ihm aber nicht nur hier, sondern auch in den Westalpen, zum Beispiel die erste Überschreitung des Monte Rosa führerlos oder in Ostafrika gemeinsam mit Dr. Hans Mayer die erste Besteigung des Kilimanjaro. Im August 1899 zieht er sich an der Aiguille du Dru einen Oberarmbruch zu, an dessen Spätfolgen er im März 1900 im Krankenhaus in Bern stirbt.

---

aus unscheinbar, da er etwas nach Osten versetzt ist und daher kleiner wirkt.

Vom Gipfel des Mittleren Manndlkogel sticht Purtscheller sofort der Südliche ins Auge. Aber er ist Realist genug, ihn nicht auch noch am selben Tag ersteigen zu wollen. Wie er an anderer Stelle vermerkt: »Der Charakter, wie ihn das Gehen im Hochgebirge ausbilden soll, äussert sich nicht bloss im Wagen, sondern auch im Entsagen!« Nachdem Purtscheller in die Scharte zwischen den beiden Gipfeln abgestiegen ist, und den Weiterweg genau begutachtet hat,

Das Dreigestirn Torstein, Mitterspitz und Dachstein im ersten Licht.

beschließt er bei trockenem Fels wiederzukommen. Mit Kletterschuhen und Seil wird er dann den Aufstieg zum Südlichen Manndlkogel versuchen. Immerhin sind es auch so vier Erstbegehungen an einem Tag, denn auf Angerstein, Niederem Flachkogel, Flachkogel und Mittlerem Manndlkogel stand noch nie ein »Tourist«. Nach damaliger Auffassung ist dies gleichbedeutend mit einer Erstbegehung.

Am 1. Oktober 1893 holt Purtscheller die unterbliebene Besteigung des Südlichen Manndlkogels nach. Schnee liegt zwar dieses Mal noch nicht, aber als er zusammen mit dem jungen Heinrich Gierth um halb zehn Uhr vormittags in der Scharte zwischen Mittlerem und Südlichem Manndlkogel steht, ist »die Witterung kalt und regnerisch und der zeitweise zum Orkan anwachsende Nordwest zur Ausführung einer schwierigen Kletterpartie wenig geeignet.« Die Seilschaft lässt sich von dem Vorhaben aber nicht abbringen. Obwohl damals die Sicherungstechnik noch nicht so ausgereift ist und sich der Voraussteigende das Seilende lediglich um den Bauch bindet, will Purtscheller die Erstbesteigung wagen. Folgendes erzählt er:

»Ich vertauschte die Bergschuhe mit Kletterschuhen, band das Seil um die Hüften und versuchte nun, auf einem sehr schmalen Felsbande hintastend, die über 75° geneigte, unten überhängende Plattenwand schräg links aufwärts zu erklettern. Den Finger- und Fußspitzen fiel hier die Hauptrolle zu; erst höher oben konnten die Kniee aufgestemmt und über eine stark geneigte glatte Platte ein sicherer Stand gewonnen werden. Als die verfügbare Seillänge von 30 m verbraucht war, folgte an dem zugeworfenen Seile Herr Gierth vorsichtig nach. ... Um 10 Uhr 20 Minuten betraten wir die kühne, noch von keinem menschlichen Fusse berührte Zinne, zu deren Erkletterung von der Scharte aus 35 Minuten erforderlich waren. Die Aussicht vom Hinteren Manndlkogel gestaltet sich vermöge seiner vorgeschobenen Stellung gegen das hintere Gosauthal sehr instruktiv, von keiner anderen Erhebung des Gosauer Kammes lässt sich dieser Gebirgsteil in gleich vollkommener Weise übersehen. Wie überall von diesen Spitzen reizt das hoch aufgetürmte Dachsteinmassiv mit seinen vielgestaltigen Gipfeln, Kuppen und Hochkaren, sowie die tief eingerissene Erosionsfurche des Gosauthales mit den in den herrlichsten Farben leuchtenden Seen zu ungeteilter Bewunderung.«

Der Weg ist das Ziel – die Erstbegehung der Dachstein-Südwand

Zur Jahrhundertwende sind die bedeutenden Gipfel des Dachsteingebiets alle bestiegen. Es bricht die Zeit an, in der nicht mehr nur der Gipfel zählt, sondern in erster Linie, auf welcher Route dieser erreicht wird. Ausrüstung und Können halten die Möglichkeiten noch in Grenzen. Der dritte Schwierigkeitsgrad ist im Dachsteingebiet noch nicht überboten. Trotzdem werfen die Bergsteiger sehnsüchtige Blicke in Richtung der Südwände. Verständlich, da das Dreigespann Torstein – Mitterspitz – Dachstein zur Ramsau hin mit riesigen Wandfluchten abbricht. Am Torstein sind es bis zu 1000 Meter Wandhöhe, am Mitterspitz 750 Meter und am Dachstein wiederum bis zu 850 Meter. Über fast vier Kilometer erstrecken sich die Abbrüche, wenn man Hunerkogel und Schwadering im Osten als Begrenzung sieht, da sich die Wände hier erstmals zurücklehnen und einen Durchgang freigeben.

An verklärten Blicken fehlt es also nicht. Man findet auch entsprechende Bilder um seine Begeisterung in Worte zu kleiden: König Dach-

Eine fast 4000 Meter lange Felsmauer bilden die Südseiten. Dominant ist der gebankte Dachstein.

Die Wand der Wände im Dachsteingebiet: 850 Meter Dachstein-Südwand vom Fuß bis zum Gipfel.

stein trägt zwar einen ansehnlichen Hermelinmantel aus Schnee und Eis um die Schultern, aber das »Herz« schlägt bekanntlich in der Brust. Und die, so verkündet Eduard Pichl, »ist dem Süden, der Sonne geöffnet«.

Gibt es durch die Südwände aber überhaupt ein Durchkommen? Darf ein Bergsteiger den Aufstieg durch eine so imposante und steile Wandflucht wagen?

Höchst kontrovers wird die Diskussion darüber geführt. »Unserer Ansicht nach wird das Problem einer Ersteigung der Südwände der Dachsteinspitzen ungelöst bleiben, ehe dieselben nicht bis zu ihrer Basis herab verwittert sind«, täuscht sich der Wiener Alpinist Dr. Carl Diener im Jahr 1884. Dabei scheint ihm die Sachlage vorerst Recht zu geben. Die ersten Versuche 1877 durch Professor Johann Frischauf aus Graz und den Ramsauer Auhäusler sowie von Faschingbauer und Issler scheitern schon vor dem Einstieg am schlechten Wetter. Frischauf und Robert Ritter von Lendenfeld beauftragen nun die Ramsauer Bergführer, eine Durchstiegsmöglichkeit zu finden. Am 17. September 1879 steigen Johann Steiner – Vater von Franz und Georg Steiner – und Johann Knauss von der Oberen Windlucke her ein. Gute sechshundert Höhenmeter bricht die Wand an diesem schmalen Durchschlupf zwischen Mitterspitz und Dachstein ab. Zahllose geröllbedeckte Bänder erspäht man beim Blick hinunter. Auch heute noch ein Gelände, das die wenigsten freiwillig im Abstieg betreten würden. Der Weg hinunter scheint den beiden dennoch leichter als hinauf. Sie wählen das Band, das von oberhalb der Windlucke in den zentralen Wandteil hinunterleitet. Entsprechend dem Auftrag bringen sie Eisenringe an. Allerdings müssen sie an einer Unterbrechungsstelle umkehren, der Abstieg bis ins Kar gelingt ihnen nicht. In einem Brief an die Auftraggeber kommentieren sie das Ende der Tour an der Abbruchkante mit dem Satz: »Jetzt Strickleitern her oder einen Luftballon!« Das einzige Ergebnis seien »ein brennender Durst und zerkratzte Kniee« gewesen.

Ein paar Wochen später wollen es die beiden Bergführer nochmals wissen. Gemeinsam mit Johann Auhäusler unternehmen sie diesmal mehrere Versuche im Aufstieg. Sie kommen aber lediglich fünfzig Meter weit, da die Wand teils senkrecht, teils überhängend ist. Mit der Wahl der eingesetzten Mittel ist man damals nicht zimperlich: Selbst Dynamit wird verwendet.

Hat Carl Diener also Recht? Angelockt vom Ruf der Wand erscheint manch Bergprominenz. Die Brüder Zsigmondy und Heinrich Köchlin besichtigen die Wand, Ludwig Purtscheller kommt, August von Böhm und Karl Blodig erscheinen in der Ramsau. Doch alle winken sie ab. Die Südwände sind nicht zu ersteigen.

Zumindest teilweise wird Carl Diener im Jahr 1889 widerlegt. Robert Hans Schmitt aus Wien und der Salzburger Fritz Drasch suchen sich die niedrigste der drei Wände aus: den Mitterspitz. 750 Höhenmeter sind es vom Wandfuß bis zum Gipfel. Am 13. Juli steigen sie erst zu später Vormittagsstunde in Falllinie des Gipfels ein – morgens hatte es geregnet und die anschließende Wetterbesserung hatten sie zunächst verschlafen. Gleich zu Beginn wartet ein glatter Felsaufschwung, den Robert Schmitt nach mehreren Versuchen schafft, schließlich barfuß und ohne Rock und Weste. Dann erreichen sie ein Band, das bis zur großen Rippe hinaufführt. Die Seilschaft kommt zügig voran, obwohl die beiden auf »bedeutende Schwierigkeiten« stoßen. Mit III+ wird die Südwand bewertet. Wenn man jedoch die Ausrüstung betrachtet, die den Kletterern zur Verfügung steht, sind die »bedeutenden Schwierigkeiten« leicht verständlich. Als Kletterschuhe dienen nämlich bei den leichteren Passagen Stoffstücke aus Leinwand, die um die Füße gewickelt und mit Bindfaden zusammengehalten werden. An schwierigen Passagen verzichtet Schmitt auf diese »Schuhe« und klettert lieber barfuß. Gut 200 Höhenmeter unter dem Gipfel setzen die beiden zu einer langen Querung an. Nach einer regnerischen Biwaknacht gelangen sie am zweiten Tag rasch in die Untere Windlucke.

Zwei Tage sind sie in der Wand gewesen, als Proviant und Getränk haben sie sich lediglich einen Schluck Wein geteilt »mit geriebenem Kaffee vermengt«. Das ist damals nicht etwa die übliche Form des Powerriegels, sondern einem Missgeschick zuzuschreiben: Beim Heraufziehen und -schleifen des Rucksacks war die mitgeführte Weinflasche zerbrochen und in den verbliebenen Inhalt war aus einer geborstenen Papiertüte Kaffeepulver gerieselt.

Die erste Südwand ist nun durchstiegen. Es bleiben Torstein und Dachstein.

Die Südwand des Torsteins wird im Osten von einem Pfeiler begrenzt. Anfangs noch ein scharfer Grat verzweigt er sich gegen oben zu drei Rippen, die auf den Südostgrat führen. Dieser Weg schien einen besseren Durchstieg zu erlauben als die zentrale Wand in Gipfelfall-

Die Unterbrechungsstelle am Steinerband gilt auch 100 Jahre nach der Erstbesteigung noch als eine der Schlüsselstellen.

linie. Am 16. Juli 1899 um 8:45 Uhr steigen Heinrich Pfannl, Thomas Maischberger und Franz Zimmer ein. Der eigentlichen Kante weichen sie bald aus, östlich davon gelangen sie im Dreier-Gelände bis zu einem Band, von dem sie weitersteigen können auf den Südostgrat. Das hört sich zunächst nach einem bequemen Aufstieg an. Teils ist dieses Band aber »nur wenige Centimeter« breit und an einer Stelle überwinden sie einen unangenehmen Überhang kriechend. Viel Luft unter den Sohlen haben die drei Kletterer außerdem, man sieht »unter sich überhaupt nie die Wand«. Nach fünf Stunden stehen sie am Gipfel, für eine Erstbegehung mit 1000 Höhenmetern eine beachtliche Zeit. Vor allem wenn man bedenkt, dass die drei um ein Uhr nachts in Radstadt gestartet waren! Damit ist nun auch eine erste Route durch die höchste Südwand eröffnet. 900 Höhenmeter sind es, die Schwierigkeit III wird aber nicht überschritten. Schon in den ersten Jahren findet die Route viel Zuspruch. Nach zwei Jahren zählt man die vierte Begehung. Eine davon führten Eduard Pichl und Gustav Jahn aus.

Möglicherweise ist es Pichls »heftiger Influenza« zu verdanken, dass er 1901 den ersten Weg durch die Dachstein-Südwand findet. Denn im Juni liegt er krank unterm Dachstein, genießt die wärmende Sonne und studiert die Wand. Die so entstandene Skizze leitet die Seilschaft einige Wochen später auf den Dachstein: »Im Juli 1901 waren wir in der Bernina. Auf meinen Vorschlag verzogen wir – Eduard Gams, Franz Zimmer und ich – uns gegen Ende des Urlaubes auf die Bachlalm, um einen Versuch auf die Südwand zu machen. Und am letzten Tag, dem 27. Juli 1901, gelang es. In 4 ½ Stunden stiegen wir glatt durch bis auf die Spitze. Nach seliger Gipfelrast sprangen wir hinab zur Austriahütte.«

So rasch, wie Pichl sie beschreibt, funktioniert die Durchsteigung nicht. Zum einen belagert er gemeinsam mit Gustav Jahn die Südwand bereits im Juli für eine Woche, muss aufgrund des Dauerregens aber auf einen Versuch verzichten. »Auch Jahn´s Kunststück, beim Aufstieg zeitweilig die Augen zu schliessen, um beim Näherkommen liebenswürdigere Formen der entscheidenden Wand zu erspähen, hatte diesmal gänzlich versagt«, berichtet er vom letzten Aufstieg zum Wandfuß. Als ihnen Ende Juli die Durchsteigung schließlich gelingt, müssen immerhin 700 Höhenmeter bewältigt werden. Und obwohl weite Strecken sich im dritten Grad bewegen, ist doch der berühmte »Spreizschritt« zwischen Brotzeitplatz und erstem Plattenband eine IV-.

Die Dachstein-Südwand erobert, der IV. Grad erreicht – hier könnte die Geschichte enden. Doch der Weg ist längst zum Ziel geworden. Und nicht nur Eduard Pichls Biografie weist dunkle Flecken auf – er sollte sich später als vehementer Antisemit »hervortun« –, auch sein Dachsteinweg hat trotz der großartigen Leistung einen Schönheitsfehler: Er endet nicht am höchsten Punkt, sondern steigt auf den Ostgrat aus. Den Gipfel erreicht man gemeinsam mit den Begehern des Schulteranstiegs. Wie will ein Alpinist, der am großen Kreuz seine Jause vertilgt, also unterscheiden, ob man »gewöhnlicher« Begeher des Schulteranstiegs ist oder den Pichlweg heraufkam und somit die höheren Weihen hat! Ein neuer Weg musste gefunden werden! Ein Weg zum Gipfel.

Das schmale Steinerband, die berühmtesten Seillängen am Dachstein.

Ob es am Gipfelausstieg liegt, an der etwas höheren Bewertung (IV) oder daran, dass die Brüder Steiner einfach so wunderbaren Klischeerollen entsprechen – die Dachstein-Südwand ist heute die Route der Steiner-Brüder.

Die Akteure dieses Südwandkapitels sind Franz und Irg (Georg) Steiner, der zweit- und drittälteste Sohn von Johann Steiner, der die Große Bischofsmütze erstbestiegen hatte und mit Johann Knauss gemeinsam versucht hatte, einen ersten Südwandweg zu finden. So unterschiedlich Franz und Irg in ihrem Wesen sein mögen, beide klettern sie ausgezeichnet. Irg ist später im Dachsteinbuch von Radio-Radiis von 1906 als einziger Führer namentlich genannt: »Für alle schwierigeren Turen sind Führer zu finden. Einzelne davon sind auch für die allerschwierigsten Kletterturen im Gebirge geeignet. Für solche Turen ist insbesondere Georg Steiner in Ramsau ... geeignet.«

Am 22. September 1909 wird es schließlich ernst mit der Dachstein-Südwand. Die Pichl-Route hatten Franz und Irg bereits 1906 durchstiegen. Wir wissen davon, da es sich um die »erste Damenbegehung« handelte: Josefine Anzenberger wurde zum Gipfel geführt. Schon bei dieser Gelegenheit haben sie gewiss hinübergeschaut in den zentralen Wandteil, in dem ihr Vater vergeblich nach einem Durchstieg gesucht hatte. Vom Dachl, einem auffällig geneigten Plattenschuss in der unteren Hälfte, einen Weiterweg zum Gipfel zu finden, war auch Irgs Ziel, als er drei Jahre später, 1909, allein die Südwand versuchte. Einstieg, Dachl, Pfeiler – Irg Steiner kam über diese Hürden hinweg. An der Schlüsselstelle aber, der Unterbrechungsstelle des Steinerbandes, hatte

Gipfelpanorama vom Dachstein: Blick auf die Silhouette des Toten Gebirges.

Franz Steiner

* 29.9.1884 in der Ramsau
† 1.4.1965 in der Ramsau

(im Bild vorne links, neben Pichl) ist der zweitälteste Sohn im Haus Steiner. Er gründet später die bekannte Lodenwalke in Mandling, die noch heute in Familienbesitz ist. Franz gilt als besonnener und geschickter Kletterer, aber auch als ausgezeichneter Sänger. Seine zielstrebige Geschäftsführung trägt ihm schließlich sogar den Titel Kommerzialrat ein.

Georg Steiner

* 1885 in der Ramsau
† 20.10.1972 in der Gosau

auch Irg (im Bild vorne rechts), ist der drittälteste Sohn. Er führt im Gegensatz zu seinem Bruder einen alles andere als soliden Lebenswandel. Die zahllosen Anekdoten zu seiner Person erzählen vor allem von dem Wilderer Irg, von dem Deserteur und Frauenheld. Irg ist aber damals auch einer der besten Kletterer. Für seinen Ruf ist vermutlich alles vier positiv.

der Versuch ein Ende. Ohne Sicherungsseil war dieser schwierige, vor allem aber äußerst ausgesetzte Wandteil nicht machbar. Gemeinsam mit dem älteren Bruder wäre das Problem jedoch lösbar ...

Die Brüder kümmern sich nun intensiver um »ihre« Wand. Ähnlich wie der Vater erkunden sie zunächst den oberen Teil. Ein wenig westlich des Gipfels klettern sie hinab, so weit es eben geht. An manchen Stellen wird abgeseilt. So gelangen sie bis kurz über das »Steinerband«, das seinen Namen erst noch erhalten würde.

Einige Wochen später, am 22. September und damit schon recht spät im Jahr, erlaubt das Wetter einen Versuch, die Wand als Ganzes zu durchsteigen. Von der Austriahütte gehen sie los, queren hinüber zum Südwandfuß, am Einstieg der Pichl-Route vorbei. In Falllinie des Gipfels steigen sie ein. Der Beginn ist nicht einfach. Doch schließlich stehen sie am riesigen Plattenschuss des Dachls. Hier herauf war ihr Vater auch schon gekommen – 30 Jahre vorher. Sicher wird ihnen das ein weiterer Ansporn gewesen sein, die Idee des Vaters zu verwirklichen, auch wenn der den Ruhm der beiden Söhne nicht mehr erlebt. Vom höchsten Punkt des Dachls steigen sie in den Pfeiler ein, einen Steilaufschwung, der auf halber Höhe äußerst abdrängend wird. Hier folgt die Schlüsselstelle: Auf Bändern muss man nach rechts hinüberqueren in die Gipfelschlucht. Das scheinbar leichteste Band – das »Steinerband« – hat allerdings eine Unterbrechungsstelle. Zahlreiche Geschichten erzählen das nun Folgende. Kurt Maix erzählt sie in seinem berühmt gewordenen Buch »Im Banne der Dachstein-Südwand« so: »Die Unterbrechungsstelle. Sie überwinden sie nicht in der Art moderner Felskletterer. Sogar ganz gegen die Regeln der Seilsicherung. Franz hat das Seil um den Felszacken geschlungen, der seinerzeit dem Irg als Beobachtungsstand gedient hatte (bei dem Alleingang im selben Jahr). Er gibt dem Bruder einige Meter Spielraum, dann faßt er den Stiglstecken. ´Irg, kannst es angehen. Und wann´s di vom Felsen wegtaucht, so druck i di wieder zuawi.´ Irg geht die Stelle an. Mit glänzendem Geschick. Er braucht auch nicht die ´moralische Hilfe´ des Bergstockes, den ihm der Bruder gegen den Rücken preßt. Er zwingt die Bandunterbrechung nur durch seine Meisterschaft, die auch dem Begleiter neuerdings Achtung abnötigt. Es dauert nicht lang, bis Irg wieder festen Stand gefunden hat, das Seil einzieht und Franz zum Nachkommen auffordert.«

Den Stock hatten die beiden eigentlich mitgenommen, um ihn nach erfolgreicher Bewältigung der Schlüsselstelle mit einem daran befestigten Taschentuch aufzustellen. So soll man vom Tal sehen, dass ihnen der Durchstieg gelungen ist. Dass der Stock zum Einsatz kommt, darüber sind sich die Geschichten einig. Ob er aber tatsächlich geholfen hat, darüber streiten sich die Fachleute. Dass er die Fantasie der Bergsteiger anregte, ist aber sicher. Nach dem Steinerband steigen sie durch die endlos lange Gipfelschlucht auf. Mit nochmals elf Seillängen wäre allein dieser Teil eine eigene Kletterei. Nach fünf Stunden stehen sie am höchsten Punkt. Die Durchsteigung der Dachstein-Südwand mit Ausstieg am Gipfel ist endlich geglückt!

Die zerfressenen Wasserrillen am Glatscherofenkofel im Gosaukamm lassen Klettererherzen höher schlagen.

Die senkrechte Herausforderung

Von Klaus Hoi

Die Eroberung der Großen Zinne Nordwand im Jahre 1933 war eine Sensation. In drei Tagen »arbeiteten« sich Comici und die Brüder Dimai mit einem enormen Materialeinsatz über die 550 m hohe Steilwand hinauf. Mit 90 Haken wurde die Route »gangbar« gemacht, und es folgten sehr bald viele Seilschaften den Hakenleitern und dem Lockruf des »Sestogrado«.

Vergleichsweise wenig spektakulär und von der Bergsteigerwelt kaum beachtet, haben 1934 Raimund Schinko und Adolf Bischofberger die ca. 1000 m hohe Torstein-Südwand-Verschneidung mit einem Dutzend Felshaken in zwei Tagen durchstiegen. Schinko veröffentlichte eine sehr genaue Routenbeschreibung, der Vorschlag für die Schwierigkeitsbewertung der Südverschneidung (heute auch als »Schinko-Verschneidung« bezeichnet) lautete kurz und bündig: »Schwierigste Fahrt im Dachsteinstock, VII, wenigstens vier- bis fünffacher Zeitaufwand als für den Steinerweg. Fester Fels und prächtige Kletterstellen in wilder und großartiger Felslandschaft. Eine Fahrt, die starken Eindruck hinterläßt«.

In den Alpen war das Erobern steiler, unmöglich erscheinender Wände groß in Mode gekommen. Der vermehrte Aufwand an Felshaken, Kletterstunden und Biwaks war gleichzeitig ein Gradmesser für die Schwierigkeiten. Die meisten Hakentouren wurden mit »äußerst schwierig«, also dem VI. Grad bewertet. Schwierig war aber nur das Schlagen der Haken, wenn die Touren eingenagelt waren, konnten sie unter erheblich geringeren Schwierigkeiten auch von schwächeren Kletterern begangen werden. Ein Massenansturm auf Hakentouren hatte begonnen. Reine Freiklettertouren im V. Grad erforderten dagegen ein gediegenes Kletterkönnen, wurden oft gefürchtet und mehr als der VI. Grad respektiert.

Schinko erkannte diese Entwicklung und machte öffentlich den Vorschlag für eine diesen neuen Umständen angepaßte Schwierigkeitsbewertung. Er meinte, die sechsstufige Alpenskala müsse nach oben hin offen sein, um der Weiterentwicklung der Kletterkunst keine Schranken zu setzen. Außerdem verlangte er eine getrennte Bewertung von hakentechnischen und freiklettertechnischen Schwierigkeiten. Doch die Zeit war noch nicht reif für derart revolutionäre Ideen, welche

Großer Koppenkarstein: Klaus Hoi an der Südwandplatte (VI – VII+) bei der Erstbegehung am 27.12.1979 mit Hugo Stelzig.

erst 50 Jahre später in ähnlicher Form wieder völlig neu entwickelt werden mussten.
Schinko-Bischofberger hinterließen mit der Torstein-Südverschneidung ein echtes Monument des VI. Grades. Sie haben wenige Haken geschlagen und davon nur 4 Stück hinterlassen und damit einen Freikletteranstieg höchster Klasse geschaffen. Während die Zinnen-Nordwände einen wahren Massensturm erlebten, wurde die Torstein-Südverschneidung zwei Jahrzehnte lang nicht wiederholt. Keineswegs versteckt oder schwer erreichbar, zieht für alle Welt weithin sichtbar die herrliche Linie der Südverschneidung durch die sonnige Südwand. Aber Schinkos Bewertung mit dem VII. Grad war eine deutliche Warnung vor den großen Freikletterschwierigkeiten, darauf waren die Kletterer noch nicht eingestellt. Außerdem kamen sehr bald die fatalen Auswirkungen des 2. Weltkrieges hinzu. Sehr viele Spitzenkletterer und auch Schinko selbst verloren ihr hoffnungsvolles Leben. Was wäre von Schinko noch alles zu erwarten gewesen? In wenigen Jahren gelangen ihm mit verschiedenen Gefährten die schwierigsten Felsfahrten im Dachstein, Gesäuse und Hochschwab. Die Dachl-Roßkuppenverschneidung im Gesäuse und die Stangenwand-Südostwand im Hochschwab sind auch heute noch hochgeschätzte Felsfahrten des VI. und VII. Grades und gelten als harte Prüfung für Alpinkletterer.
Die erste Wiederholung der Torstein-Südverschneidung gelang erst 19 Jahre später der Seilschaft Rene Simek und Willi Bartl aus Wien. Mit einem Biwak durchstiegen sie die geheimnisvolle Verschneidung, in welcher

Schinko mit nur 4 Felshaken herzlich wenig Spuren hinterlassen hatte. Simek berichtete von außergewöhnlichen Freiklettersschwierigkeiten und bestätigte die Angaben Schinkos. Rene Simek erwarb sich den Ruf eines ungewöhnlich talentierten, aber genauso kühnen Kletterers. 1953 stieg er als 5. Alleingeher auf der Comici-Route durch die Nordwand der Großen Zinne. Es folgten ebenfalls im Alleingang die Gelbe Kante, die Sollederführe durch die Civetta-NW-Wand, die NO-Wand des Piz Badile und viele andere. Sein erklärtes Ziel war der erste Alleingang durch die Eigernordwand. Doch 1958 stürzte er alleingehend aus der Roßkuppen-Nordwand zu Tode – ein hoffnungsvoller Stern am Kletterhimmel war erloschen.

Die Begehungen der Schinkoverschneidung erfolgten immer noch spärlich. Im Jahre 1961 zählten wir bei unserer Durchsteigung erst 14 Begehungen. Einen nachhaltigen Bekanntheitsgrad verschaffte diesem großartigen Anstieg die Aufnahme in das Pause-Kultbuch der 70er-Jahre »Im extremen Fels«. Erst seit dieser Wertschätzung wird die Verschneidung von ein bis zwei Seilschaften pro Saison gemacht.

Der ebenfalls aus Graz stammende Raimund Otte hätte die Nachfolge Schinkos antreten können. Otte galt als sehr talentierter Kletterer mit dem Gespür für kühne Linien. 1947 durchstieg er mit Gerhard Vikas die direkte Südwand des Türlspitz, 1948 die bis heute nicht wiederholte Südwestwand des Scheiblingsteins und 1953 mit Otto Stiegler die heiß umworbene, gelbrote Feuermauer der Koppenkarstein-Südostwand, welche alle mit dem Schwierigkeitsgrad VI+ zu bewerten sind. Beim Winterbegehungsversuch an der Süd-

Paul Preuß

* 19.8.1886 in Altaussee
† 3.10.1913 abgestürzt am Nördlichen Mandlkogel

kommt am Fuße des Dachsteingebiets in Altaussee als drittes Kind der Familie Preuß zur Welt. Im Kindesalter beginnt er bereits mit dem Bergsteigen, nach dem Tod seines Vaters 1896 ist er meist alleine draußen in den Bergen.

Mit 20 Jahren unternimmt er seine ersten extremen Klettereien, zu denen er teils von Altaussee aufbricht, teils von Wien, wo er studiert, später von München. Hier ist er als Assistent am Botanischen Institut tätig.

Nicht nur im Dachsteingebiet ist er unterwegs, sondern in den gesamten Alpen. Er erwirbt sich einen Ruf als ausgezeichneter Allroundalpinist: als Kletterer, Hochtourengeher und Skibergsteiger. Vielfach macht er Erstbegehungen in erstaunlichem Tempo und mit allseits bewunderter Sicherheit. Er gilt zudem als versierter Vortragsredner und als engagierter, aber nie verbohrter Verfechter seiner Kletterethik: dem Freiklettern. Er nimmt so Gedanken vorweg, die erst viele Jahrzehnte später modern werden sollten. Klettern mit minimalem technischen Aufwand – Haken und Seil nur im äußersten Fall und selbst dann nur zur Sicherung – wird heute wieder als »ehrlichster« Stil diskutiert. Preuß wendet ihn für sich schon damals an.

Im Gosaukamm gelingen ihm einige Erstbegehungen, zum Beispiel am Nordwestlichen Strichkogel, Schafkogel, Schartenmandl, Hohen Großwandeck, am Großen Donnerkogel, Wasserkarturm und am Freyaturm. Am bekanntesten ist seine Erstbesteigung des Däumlings zusammen mit Günther von Saar. Diese steile Säule ist der schwierigste Berg des Dachsteingebiets, die Kletterei, auf der Preuß zum Gipfel aufsteigt, wird mit IV bewertet.

Am 3. Oktober 1913 schließlich will er die imposante Nordkante des Nördlichen Manndlkogel erstbegehen. 250 Meter hoch ragt die Kante vom Schrofenvorbau auf. Paul Preuß klettert alleine und stürzt tödlich ab. Die genaue Ursache ließ sich nie klären. Erst zehn Jahre später gelingt die Besteigung der Kante, sie wird mit IV eingestuft.

kante des Dirndl stürzte Raimund Otte im Februar 1954 tödlich ab.

Hubert Peterka aus Wien war einer der erfolgreichsten Erschließer in der Zwischenkriegszeit. 1929 durchstieg er mit Majer und Proksch die Südwand des Großen Koppenkarsteins. 1946 gelang ihm mit Proksch am selben Berg der Südostpfeiler, welcher dem unteren VI. Grad zugerechnet werden kann. Peterka hat sich vielleicht in Anlehnung an sei-

Der Torstein, der mächtigste der Dachsteingipfel. An seiner tausend Meter hohen Südwand wurde immer wieder Klettergeschichte geschrieben.

ne berühmten Vorgänger und Vorbilder Zsigmondy, Heß, Pfannl, Jahn und Horeschowsky aus dem Kreis der »Wiener Schule« stets an den Freiklettermöglichkeiten und an den natürlichen Geländelinien orientiert. Bei sparsamstem Hakeneinsatz wurde oft die Grenze des frei Kletterbaren erreicht. Peterka hat bei seinen mehr als 500 Erstbegehungen im gesamten Alpenraum ganz wenige Haken geschlagen und sehr kühne Freikletterwege hinterlassen. Peterkas Routen entsprechen den strengsten Kletterregeln eines Paul Preuß und wären für ihn die reinste Freude gewesen.

Die Tradition der einheimischen Erschließer wurde vom Radstädter Willi Scherübl nach langer Pause erfolgreich fortgesetzt. Er war 1954 der dritte und vierte Wiederholer der Torstein-Südverschneidung. 1958 entzauberte er die eindrucksvolle Nordostwand der Schneebergwandtürme mit einem tollen Freikletteranstieg im VI. Grad durch die Nordostwand des 6. Turmes. Ein Anstieg der modernen Art wurde der »Narrenriß« in der Türlspitz-Südwand. Damit leitete er mit Bernhard Stücklschweiger aus der Ramsau das hakentechnische Klettern am Dachstein ein.

Sehr viele Möglichkeiten in dieser Disziplin sind im geschlossenen und hakenfeindlichen Dachsteinkalk nicht umgesetzt worden. Im löchrigen und hakenfreundlichen Fels der Dolomiten wurde die Bezwingung der Wände auf der sogenannten »Direttissima« zum neuen Kletterkult. Als es um die Bezwingung der größten Dächer im Alpenraum ging, wurde auch der große, rote Dachausbruch in der Gipfelwand der Dachstein-Südwand 1967 durch die einheimischen Ausnahmekönner Leo Schlömmer und Peter Perner bezwungen. Schlömmer und Perner waren jeder für sich auch international sehr erfolgreiche Bergsteiger. Zusammen bezwangen sie als erste europäische Seilschaft die »Nose« am El Capitan im Yosemite Nationalpark.

Zurück zum klassischen Klettern

Nach einem Jahrzehnt der Erfahrungen mit der »Eisenzeit« konnten wir keine wirkliche Begeisterung für die »Hakenleitern« aufbringen. Wir fühlten uns in einer Sackgasse und erkannten den Irrweg dieser Stilrichtung. Mit meinem kongenialen Kletterpartner Hugo Stelzig wandte ich mich neuen Herausforderungen zu. Diese sahen wir vorerst im winterlichen Begehen der wichtigsten Anstiege und Wände des Dachsteingebietes. Ansporn und Vorbild lieferte uns das Buch »Wände im Winter« von Sepp Brunnhuber. Wir waren von der Härte, aber auch von der Schönheit und Intensität des Winterkletterns leidenschaftlich erfüllt und begeistert. Das Winterklettern erweiterte unseren bergsteigerischen Horizont ganz enorm. Das anspruchsvolle Klettern im vereisten und verschneiten Gelände erzwang eine erstklassige Klettertechnik, gleichzeitig mit einer sorgfältigen Risikoabwägung, um auch erfolgreich zu bleiben. Die daraus gewonnene neue Selbstsicherheit war eine wichtige Voraussetzung für das Freiklettern und für die Neulandsuche. Der Dachsteinfels war aufgrund seiner Schichtung und kletterfreundlichen Oberflächenstruktur gut für das Freiklettern geeignet. Ab 1969 begannen wir, die eindrucksvollen und eigenständigen Wandabschnitte der Unteren und Oberen Windlucke zu erschließen. Jetzt war nicht mehr die Falllinie zum Gipfel das Ziel, sondern ausschließlich eine schöne Kletterlinie durch kompakte Plattenfluchten mit festem und kletterfreundlichem Fels. Der neue Stil zeichnete sich durch sparsamen Hakeneinsatz und konsequentes Aufspüren frei kletterbarer Linien aus. Nachdem die Bohrhakenverwendung bei Erstbegehungen von uns kategorisch abgelehnt wurde, ergaben sich wegen des plattigen und hakenfeindlichen Felses zwangsläufig kühne Freikletterwege mit oft spärlichen Absicherungen. Wir entwickelten uns zu Spezialisten für den Dachsteinkalk und konnten die Schichtung der gewaltigen Plattenpakete und die Erosionsformen des Wassers sehr gut einschätzen und für optimal kletterbare Linien nützen. Die Anwendung mobiler Sicherungsmittel ist im Kalk ungleich schwieriger als im klemmkeilfreundlichen Granit. Trotzdem beherrschten wir diese Sicherungstechnik so gut, dass kaum Felshaken notwendig waren. Sehr hilfreich war natürlich die permanente Verbesserung auf dem Ausrüstungssektor. Den Bohrhaken hatten wir aus ethischen Gründen bei der Erschließung verbannt. Erst zu einem späteren Zeitpunkt verbesserten wir durch nachträglich gesetzte Bohrhaken die Sicherheit in bestimmten Routen. Das bedeutete nicht unbedingt einen Gesinnungswandel oder einen Stilbruch, sondern die Einsicht, dass manche Nachfolger nicht immer über so große Sicherheitsreserven verfügen und keinesfalls das Risiko suchen, sondern genussvoll klettern wollen.

Die klobigen Lederbergschuhe wurden von Reibungskletterschuhen abgelöst. Es musste

nur noch ein geeignetes Zweitschuhwerk für die steilen Einstiegsschneefelder und für den Rückweg über die Gletscher gefunden werden. Ein starker Haselnussstock ersetzte uns den Pickel, dieser wurde in den Randklüften am Einstieg zurückgelassen, um dort »Wurzeln zu schlagen«.

Die sorgfältige Planung aller Neutouren war stets wichtige Grundlage und wir nutzten unseren Heimvorteil für die Wahl des besten Begehungstages. Es war also nichts dem Zufall überlassen, und wir konnten die Durchstiege fast immer auf Anhieb an einem Tag in fast »normaler« Kletterzeit schaffen. Bei späteren Wiederholungen hatten wir oft Mühe, die Erstbegeherzeit zu erreichen oder zu unterbieten.

Innerhalb von drei Jahrzehnten führten wir konsequent eine lückenlose klassische Nacherschließung an allen Wandbildungen im Dachsteingebiet durch. Wobei aber nicht die Anzahl, als vielmehr die Kletterqualität der Routen für uns wichtig war. Die Windluckenanstiege wie »Große Verschneidung«, »Ypsilonweg«, »Extremklassiker«, »Serpentine« und die Dachsteindirettissima »Zehn nach fünf« zählen zu den besten Klettereien der nördlichen Kalkalpen. An den Kalkriffen der Schneebergwand und am Koppenkarstein fanden wir weitere Höhepunkte schöner Kletterlinien. Es gab bei der Neutourenerschließung damals kaum Konkurrenz, sie wurde zu unserer Domäne und Leidenschaft. Einzig Albert Precht aus Bischofshofen verwirklichte einige seiner schönen Freikletterlinien mit sehr sparsamer Absicherung in der Windluckenwand und Torstein-Südwand.

Die Erschließung im klassischen Stil ist etwas Besonderes und bedarf einiger Erklärungen: Es gilt natürliche Linien wie Risse, Verschneidungen oder Wasserrillen zu verbinden, bei Wandklettereien die bestmögliche Felsstruktur zu entdecken. Nach Möglichkeit wird der »Weg des geringeren Widerstandes« angestrebt und auch ein Quergang in Betracht gezogen. Es geht um das ökonomische Durchkommen auf dem geplanten »Weg« und nicht um einen möglichst hohen Schwierigkeitsgrad. Die Seilschaft bringt die Sicherungsmittel wie Schlingen, Klemmkeile oder Normalhaken selbst und aus der Kletterstellung an. Die Durchsteigbarkeit einer geplanten Route ist nicht garantiert und mit diesem Unsicherheitsfaktor steigt auch das Abenteuer und die Nachhaltigkeit der Erlebnisse. Die geistigen und körperlichen Anforderungen sind groß. In alpinen Anstiegen müssen die Form und Moral der gesamten Seilschaft immer stimmen und jeder muss seinen Anteil am Gelingen einbringen, andernfalls ist man zum Scheitern verurteilt.

Bei der Verwirklichung einer Sportkletterroute der modernen Art wird jedes Risiko sehr gering gehalten. Das »Unmögliche« gibt es aufgrund der Bohrhakenabsicherung nicht mehr! Die Sportkletterrouten der Neuzeit weisen als Markenzeichen eine sehr gute und individuell abgestimmte Absicherung mit Bohrhaken auf, welche auch einen Markierungseffekt haben sollen. Der Routenverlauf ist kompromisslos geradlinig und entsprechend steil angelegt. Kletterhilfen wie Risse und Verschneidungen oder Bänder werden oft bewusst vermieden, um den angestrebten Schwierigkeitsgrad künstlich hochhalten zu können. Natürlich ist die Beherrschung des vorgegebenen Schwierigkeitsgrades vorteilhaft, aber häufig kann in gut gesicherten Sportkletterrouten mit Hilfe der Bohrhaken auch geschwindelt werden. Das Einrichten von neuen Routen bedeutet zuerst harte Arbeit. Das eigentliche Ziel des Freikletterns, die Umsetzung des »Rotpunktgedankens«, kann zu einem anderen Zeitpunkt und immer wieder versucht werden. Dieser Stil und Routencharakter wird zwischenzeitlich bereits auf alpine Wände übertragen und die Zahl der plaisirmäßig abgesicherten alpinen Sportkletteranstiegen ist im Steigen begriffen. Der klassische, alpine Erschließungsstil ist aus der Mode gekommen und die Kunst des bohrhakenlosen Kletterns wird bald nicht mehr beherrscht werden. Wir werden dadurch wieder sehr technikabhängig und berauben uns damit selbst der viel gepriesenen Freiheit am Berg und des Abenteuers. Dem Zeitgeist entsprechende Sportkletteranstiege werden gerne konsumiert und es ist auch anzunehmen, dass sich die Unfallrate durch gut gesicherte Kletterwege rückläufig entwickeln wird. Über klettertechnische Mängel, schwache Kondition sowie Unterschätzung alpiner Gefahren kann die Bohrhakenabsicherung nur bedingt hinweghelfen. Bei Schlechtwetter mehren sich wieder Bergungen von überforderten Seilschaften aus bohrhakengesicherten Modetouren und hochalpinen Klettersteigen. Dank Handy-Notruf und exzellenter Hubschrauberrettungstechnik gibt es für viele Fehleinschätzungen ein gutes Ende. Man kann annehmen, dass nicht das gesamte Potenzial an alpinen Routen bohrhakengesichert werden wird oder

»Himmel und Hölle« (VI+, 1. Beg. 1983 durch K. Hoi, E. Rudorfer), eine der großen Freikletterrouten in der Dachstein-Südwand.

E. Rudorfer unter dem Abschlussdach der Großen Verschneidung (VI und VI+, 1. Beg. 8.7.1976 durch K. Hoi und Hugo Stelzig) an der Windluckenwand, Untere Windlucke.

gesichert werden muss. Besonders im Dachsteingebirge gibt es eine ungeheure Fülle natürlicher Kletteranstiege, welche mit mobilen Sicherungsmitteln problemlos selbst abgesichert werden können und der persönlichen Talententfaltung und Erlebnismöglichkeit viel Spielraum lassen.

Sportkletterrouten und plaisirmäßig abgesicherte Genussklettereien sind groß in Mode gekommen und gut besucht. In den alpinen Anstiegen ist es ruhiger geworden. Die Wertschätzung für alpine Klassiker wird erhalten bleiben und auch das Bohrhakenzeitalter überdauern. Alles unterliegt einem steten Wandel – die Wiederentdeckung des Abenteuers wird da nur eine Frage der Zeit sein. Es gibt genügend Auswahlmöglichkeiten und so kann jeder Besucher der Dachsteinregion in den Kalkplatten auf seine Art glücklich werden.

Auf den Spuren des Wassers

Im Jahr 1976 gehörte das hakentechnische Erobern der Wände und der großen Überhänge der Vergangenheit an. Das Freiklettern in den Platten musste aber erst wieder entdeckt werden. Im Folgenden einige Erinnerungen an die Erstbegehung der »Großen Verschneidung« in der Windluckenwand im Juli 1976. Nach einem kurzen Aufwärmsprint biegen wir im Morgengrauen um das Hauseck der Dachsteinsüdwandhütte. Verschlafene Bergsteigergesichter schauen nach dem Wetter aus. Tiefe Wolken lassen keine große Hoffnung aufkommen. Unterhalb der Hütte, über den Marboden, breitet sich noch ein weites Schneefeld aus. Die Südwandfluchten laden hier im Winter die Lawinen ab. Darauf bewegen sich eigenartige, schwarze Gestalten. Gleichsam einer aufgefädelten Kette Pinguine. Es gibt inzwischen wieder Steinböcke im Dachsteingebiet, aber sicher keine Pinguine. Wir beeilen uns näher zu kommen, um das Rätsel der schwarzen Gestalten zu lösen. Aber die Pinguine beeilen sich ebenfalls und wir kommen ordentlich ins Schwitzen, bis wir endlich erspähen können, dass es sich um eine Gruppe Klosterschwestern handelt. Auf ihrer frühen Morgenwanderung haben sie die schwarzen Röcke etwas hochgeschürzt und springen hurtig über den steinigen Pfad. Am Marsteinsattel ist unsere Verfolgung zu Ende, denn wir stehen unter der Windluckenwand. Einer kompakten, etwa 700 Meter hohen Steilwand zwischen Torstein und Mitterspitz. Keinesfalls versteckt und breit genug, um einem Dutzend Routen Platz zu bieten. Nach dem Motto, wer ist die Schönste im ganzen Land? Damals war dieser Wandteil völlig unbeachtet. Wir wissen vom fantastischen Kletterfels, dem besten am ganzen Dachstein. Allerdings liegt am Ende der Routen kein Gip-

Dachstein-Südwand: Im oberen Teil der Route »Zehn nach Fünf« (V, VI und VII, 1. Beg. 1.11.1984 durch Klaus Hoi, Hugo und Gerald Stelzig). Bis zur bereits sichtbaren Seilbahn-Bergstation dauert noch es noch 2 – 3 Stunden.

fel, dafür ein bequemer Ausstieg auf den ebenen Gosaugletscher. Uns beide lockt die herrliche Linie einer zyklopenhaften Verschneidung – sie sieht aus, als hätte ein Riese mit einem Beil eine Kerbe geschlagen. Das Wetter macht keine Besserungsversuche, trotzdem haben wir uns am sympathischen Wandvorbau warmgeklettert. Der unglaublich kletterfreundliche Fels ist eine einzige Verführung und lockt uns immer weiter in die Riesenverschneidung. Vorerst brauchen wir nicht viel Material – Schlingen und Klemmkeile reichen vollkommen zur Sicherung. Zügig klettern wir höher, alle Sinne und Reflexe sind hellwach. Die unerschütterlich gute Moral ist bei einer Erstbegehung der entscheidende Faktor. Die Verschneidung wird sehr steil und wir stehen vor dunklen, unheimlichen Wülsten. Jetzt hänge ich mir doch einige Haken und Holzkeile an den Gurt. Mit »Hexentric« und »Friends« waren wir damals noch nicht gerüstet, ebenso wenig mit Spezialkletterschuhen. Der Bergschuh der damaligen Zeit war ein echter Alleskönner. Aus Leder, steife Profilsohle, steigeisenfest und eine lange Lebensdauer waren die Markenzeichen eines guten Bergschuhes. Man konnte mit diesem Schuhwerk problemlos und sicher über das 40 Grad steile Einstiegsschneefeld klettern und beim Rückweg trockenen Fußes über den Gletscher marschieren. Das Plattenklettern damit war allerdings eine besondere Kunst. Mit den heutigen Reibungskletterschuhen empfindet man die damals gekletterte Schwierigkeit mindestens um einen ganzen Grad leichter.
Gleich zum Auftakt der Steilriss umfassen meine Hände eine große Sanduhr. Die Schwierigkeiten steigern sich, doch immer rechtzeitig bietet eine Sanduhr Sicherheit von höchster Qualität. Am Ende der Seillänge findet sich ein guter Sanduhrenstand und kein einziger Haken war bis jetzt erforderlich. Für uns »Alpinkletterer« ist diese steile und akrobatische Freikletterei zunächst ungewohnt. Längst ist mir klar geworden, dass wir uns hier an den Erosionsformen des Tropfwassers zu orientieren haben und nur davon die Routenführung bestimmt werden wird.
Ich habe einige Sanduhren miteinander verbunden und hänge exponiert, aber gut gelaunt an dieser unübertrefflichen Sicherung. Die Verschneidungswände streben weit auseinander. Die etwa hundert Meter weit vorspringenden Kanten schirmen die Sonne wohltuend ab. Erst jetzt bemerke ich das schöne Wetter. Cumulus-Wolken segeln majestätisch vorbei und die leichte Nordströmung sorgt für Kühlung. Freund Hugo klettert locker und zügig zu mir herauf. Wir sind ein eingespieltes Team. Bei den Erstbegehungen überlässt mir der Freund bereitwillig die Führung. Er beflügelt und unterstützt meine Kletterkunst durch außerordentliche Ruhe und Verlässlichkeit. Nicht zuletzt aufgrund dieser idealen Partnerschaft gelingen uns viele unmöglich erscheinende Vorhaben fast immer mit spielerischer Leichtigkeit. Wir benötigen für manche Erstbegehung oft weniger Zeit als bei späteren Wiederholungen.
Wegen des Weiterweges bin ich etwas unschlüssig. Mit dem Seil lasse ich mich ein Stück über die Platte hinunter und sause wie ein gereizter Weberknecht hin und her. Weit beuge ich den Oberkörper zurück, um den über uns liegenden Wandabschnitt ergründen zu kön-

nen. Nicht zuletzt macht das Unbekannte und die Wegsuche eine Erstbegehung spannend. Instinkt und Erfahrung, manchmal etwas Glück, sind für das »Durchkommen« ausschlaggebend. Es ist bis jetzt sehr selten vorgekommen, dass wir auf der falschen Fährte waren. Allerdings haben wir Planung und Wandstudium immer sehr sorgfältig betrieben.

Freikletterei bringt mich rasch weg vom Standplatz. Immer wieder Sanduhren, sie sind kein Zufallstreffer, sondern man kann ihre Position fast erahnen. Stellenweise hat das Tropfwasser den Fels derart durchlöchert, dass man auf einem riesigen Reibeisen zu klettern glaubt. Nur hier keinen Sturz! Aber ich bin mir meiner Bewegungen völlig sicher und benötige auf lange Strecken keine Zwischensicherungen. Auch die klobigen Bergschuhe sind kaum störend, außerdem war meine Klettertechnik damals auf dieses Schuhwerk abgestimmt. Weit spreizend stehe ich unter dem Abschlussdach. Ich stütze mich mit dem Kopf ab, um die Hände frei zu bekommen. Hier schlage ich einen der wenigen Haken und turne nach rechts zu einem winzigen Standplatz. Wir packen die Holzkeile aus dem Rucksack, legen sie in eine Nische und freuen uns darüber, sie nicht gebraucht zu haben.

Hugo und ich kletterten schon öfter auf den »Spuren des Wassers«, aber dieser Anstieg durch die Windluckenwand hat alle unsere Erwartungen übertroffen. Sicherlich wird die »Große Verschneidung« selbst unter den vielen schönen Dachsteintouren eine Sonderstellung einnehmen. Hier wird Klettern geboten, wie es wohl Paul Preuß demonstriert und als Zukunft einer Entwicklung gewünscht hat.

Dieser Anstieg hätte von den Spitzenkletterern ihrer Zeit wie Paul Preuß oder Hubert Peterka gemacht werden können. Sie hätten die geistigen und körperlichen Fähigkeiten gehabt. Aber jede Epoche hat ihre Leitbilder gehabt und Schwierigkeitsgrade konnten nicht einfach übersprungen werden. Auch wir haben uns an Vorbildern und Leitlinien zu orientieren versucht. Rückblickend werden die Sechzigerjahre als Epoche des hakentechnischen Kletterns eingeschätzt. Ein vollkommener Irrweg, welcher entgegen den strengen Preuß'schen Freiklettergrundsätzen und Regeln prompt in die Sackgasse führte. Die Wände wurden in der Falllinie über die größten Dachzonen und Überhänge mit Hakenhilfe und Steigleitern in technischer Kletterei erobert. In den Zinnen-Nordwänden wurde so manche »Direttissima« nach dem Lot vermessen und mit Hakenleitern »begehbar« gemacht. Nach dieser Zeit der fantasielosen Kraftakte und Materialschlachten war die Rückkehr zur Freikletterei mit einem möglichst sparsamen Einsatz künstlicher Hilfsmittel die logische Entwicklung. Die natürlichen Linien in den Plattenwänden des Dachstein waren für den wieder gefundenen klassischen Stil wie geschaffen. Nachdem dieses Potenzial ausgeschöpft ist, wird sich die Jugend neue Ziele setzen. Wie wird die Entwicklung im Klettersport weitergehen? Wird der maschinengesetzte Bohrhaken neuerdings im Gebirge einen Fortschritt oder Rückschritt bringen? Die Dachsteinplatten bergen noch viele Geheimnisse. Sie werden aber nur dem kreativen und fantasievollen Kletterer eine Offenbarung sein können.

Routen-Info: Untere Windlucke, Windluckenwand; »Große Verschneidung«
1. Begehung am 8.7.1976 durch Klaus Hoi und Hugo Stelzig, 7 Std. Kletterzeit, 600 m Wandhöhe, Schwierigkeit VI und VI+.
Eine der außergewöhnlichsten Kletterfahrten der Dachsteingruppe. Der kompakte, vom Tropfwasser gelöste Fels ist unwahrscheinlich kletterfreundlich. Es wurden zwei Haken geschlagen und belassen, sehr gute Sicherungsmöglichkeiten an Sanduhren und Klemmkeilen aller Größen.
In Erinnerung an das Idol und Vorbild Paul Preuß, nennen wir diesen Anstieg nachträglich »Paul-Preuß-Gedenkweg«.

»Zehn vor oder nach fünf«

Nach jeder meist mehr als weniger anstrengenden Südwandklettertour benützt man in diesen modernen Zeiten gerne und erleichtert die Seilbahngondel, um in einem »würdigen« Zustand zurück zum Ausgangspunkt zu kommen. Sofern man einen Fensterplatz ergattert hat, genießt man während der lautlosen Talfahrt einige Minuten lang den Blick zur wuchtigen Südwand und die Gedanken schweifen nochmals zurück zu einem besonderen Erlebnis.

Wenn es auf den Spätherbst zugeht und die Tage kurz geworden sind, kommt Wehmut um den vergangenen Sommer auf. Es blitzen die Erinnerungen an vergangene, traumhaft schöne Herbsttage auf und überraschend plötzlich ist er da, der »Altweibersommer«. Die goldene, milde Sonne am weit gespannten, blanken Himmel wärmt die Südwände angenehm auf. Die Schattenlagen werden bereits von Frost und Eis beherrscht. Dieser

Die Dachstein-Südwand mit der Südwandhütte. Knapp rechts der Bildmitte der Hohe Dachstein, links der Mitterspitz.

Umstand muss bei der Routenwahl bedacht werden und ist jedenfalls für den Abstieg zu berücksichtigen. Herbst ist die Urlaubszeit für Bergführer. Die Gäste haben keine Zeit mehr, die Saison ist abgeschlossen. Im Jahre 1984 dauerte der »Altweibersommer« von Mitte Oktober bis in den November hinein an. In den Falten der Dachsteinwand trocknete jeder Winkel. Idealbedingungen für einen Durchstieg in der Falllinie, entlang den wunderbaren Wandstrukturen die das Wasser hier geschaffen hat.

Während wir in der rauen, steilen Einstiegsverschneidung höher turnten, kletterten uns die sehnsüchtig erwarteten Sonnenstrahlen vom Gipfel entlang der geplanten Route entgegen. Zuerst erhellten sie die eisige Gipfelschlucht, dann die weit vorspringende Riesenstirn und den Mittelpfeiler herab zum »Steinerdachl«, bis wir schließlich freudig zusammentrafen. Wir waren eine Dreierseilschaft. Ich kletterte mit meinem Freund Hugo Stelzig und dessen 19-jährigem Sohn Gerald. Der Junior meisterte alle Kletterprobleme und Anstrengungen hervorragend und war für unsere Seniorenseilschaft eine wertvolle Verstärkung.

Unter uns liegen bereits sieben Seillängen fantastischer Freikletterei, an steilen Platten und rauen Verschneidungen. Das Gelände erinnerte uns an die »Große Verschneidung« drüben in der Windluckenwand. Doch hier befanden wir uns noch im ersten Drittel unserer Riesenwand und blickten kleinmütig empor zur weit vorspringenden Stirn des Dachsteingipfels. Einige leichtere Seillängen und das griffige »Salzburgerband« brachten uns zum Ansatz des Mittelpfeilers. Nach fünf Seillängen großartiger Spreiz- und Piazkletterei im sechsten Grad schien allerdings für heute unser Klettertraum zu Ende zu sein. Eine zehn Meter hohe, weit überhängende Dachverschneidung bildete eine Barriere zu den Platten der Gipfelwand. Ein kniffliges Problem – 800 m über dem Einstieg –, welches wir aber vorerst mit einigen Fortbewegungshaken lösen konnten. Vielleicht gelingt mir das Freikletterproblem zu einem anderen Zeitpunkt, tröstete ich mich damals.

Tatsächlich konnten wir das Problem 21 Jahre später, bei unserer dritten Wiederholung besser lösen. Wir fanden einen frei kletterbaren Zugang zum Gipfelbollwerk. Diese schwarze Platte gleicht einem senkrecht aufgestellten Reibeisen und war nicht leicht zu überlisten. Ich vertraute auf meinen Kletterinstinkt und fand tatsächlich die beste Griffabfolge zu einem kleinen Köpfl inmitten der Plattenflucht. Hier war die Überraschung perfekt! Da steckte doch wahrhaftig ein offensichtlich sehr alter, handgeschmiedeter Ringhaken!

Mit Sicherheit war vor uns noch kein Mensch diese Route heraufgeklettert. Zuhause fand ich des Rätsels Lösung im antiquarischen Dachsteinführer von Radio-Radiis: im September 1930 seilte sich der Alleingänger Willi Höfler (u.a. Erstbegeher der Dirndlsüdkante) in einer äußerst kühnen Aktion über die Wand bis zum »Perhabblock« ab und hinterließ diesen nichtrostenden Schmiedestahlhaken für meine anekdotische Hakensammlung. Zu dieser Zeit war weder die Ausrüstung noch die Technik für das gewagte Abseilabenteuer wirklich erfolgversprechend und eine Rettung wäre nicht selbstverständlich gewesen. Im Text des Führers wird nichts Näheres veröffentlicht, es wird nur von einer Begehung dringend abgeraten. Nach Erzählungen Höflers ist die Rede von ungeheuren Abseil- und Kletterschwierigkeiten bei fantastischer Ausgesetztheit.

Endlich erreichten wir die mit Eis und Schnee gefüllte Gipfelschlucht. Rechts hinaus war über den sonnenbeschienenen, trockenen Fels der logische Ausstiegsweg zu suchen. Die tief im Westen stehende Sonne erzeugte ein fantastisches Licht, ermahnte uns aber auch zu rascher Gangart wegen der ohne Übergang hereinbrechenden Dunkelheit im November. Andererseits wussten wir aus Erfahrung, dass Stirnlampen immer dann notwendig werden, wenn man keine dabei hat. Heute waren wir mit Lampen gut ausgerüstet. Wie spät war es eigentlich? Unglaublich, wie lange mancher Tag erscheinen kann! Wann fährt die letzte Bahn vom Hunerkogl ins Tal? Zehn vor oder nach fünf!? Der Name für unsere Direttissima war gefunden.

Routen-Info: Dachstein Südwand, Direttissima »Zehn nach fünf«

1. Begehung am 1.11.1984 in 9½ Std. durch Klaus Hoi, Hugo und Gerald Stelzig. 850 m Wandhöhe, ca. 30 Seillängen. Schwierigkeiten V, VI und VII. Die Standplätze sind inzwischen gebohrt.

Im zentralen Wandteil der Dachstein Südwand. Einer der größten und anspruchsvollsten Freikletteranstiege des Gebietes, mit begeisternden Kletterstellen in bestem Fels. Sollte nur nach längerer Trockenheit begangen werden.

Ein Relikt aus der Zeit, als der Dachsteinstock noch ein Meer war: versteinerte Megalodonten (»Kuhtrittmuscheln«) auf einer Felsplatte.

Wie alles begann – Die Entstehung des Dachsteins

»Es giebt keinen schärferen Gegensatz als zwischen dieser in der Form der Südtiroler Dolomiten ähnlichen Gebirgswelt und dem eigentlichen Dachsteinmassive, ein Gegensatz, der in der verschiedenartigen geologischen Zusammensetzung beider Gebirgsteile begründet erscheint.«
Ludwig Purtscheller über den Gosaukamm

❖

In knapp zehn Minuten schwebt man von den sanften Rücken, über die die Dachsteinstraße zur Talstation der Hunerkogelbahn führt, an den beeindruckenden Südwänden vorbei zur Bergstation. Von dort überblickt man dann die flachen Gletscher der Nordseite. Welch Kontrast auf so kurzer Entfernung!
Weshalb neigt sich der Dachstein nach Norden so gemächlich, dass sich das Gelände sogar für eine Loipe eignet? Warum bricht die Südwand so steil in die Ramsau ab, dass den meisten beim Blick über die Kante auch beim soundso vielten Besuch noch schwindlig wird? Warum wird an der Bischofsmütze geklettert, während die Nachbarberge Gerzkopf oder Rötelstein lediglich anspruchsvolle Bergtouren bieten? Ein Blick auf Entstehung und Aufbau des Dachsteinmassivs beantwortet viele dieser Fragen.

Weshalb unterscheiden sich Gosaukamm und Dachstein so stark?

Seit Ludwig Purtscheller wurde der Gosaukamm immer wieder mit den Dolomiten verglichen. Die zahlreichen filigranen Türmchen und Zacken im langgestreckten Gebirgskamm lassen tatsächlich an die Dolomiten denken. Vom Hauptstock der Dachsteingruppe unterscheiden sie sich schon auf den ersten Blick. Aber wodurch entsteht der eigenständige Charakter?
Das Alter eines Gebirges ist ausschlaggebend für seine Höhe und die Form seiner Gipfel. Die Gipfel von Bischofsmütze, Manndlkögel und Großwand unterscheiden sich in diesem Punkt aber nicht von den benachbarten Bergen Dachstein, Mitterspitz und Torstein. Beide Gesteinsarten sind gleich alt, entstanden während der Zeit des Obertrias im Tethysmeer.
Im Gosaukamm ragen kecke Zacken über den Gosauseen in den Himmel, die Gipfel werden von glatten, plattigen, mehr oder minder senkrechten Felsformationen gebildet. Tiefe

Turmschnecken und Megalodonten. Die größten versteinerten Einzelmuscheln erreichen 30 Zentimeter Länge.

»Megalodonten-Friedhof« am Linzerweg, einem der schönsten Höhenwege am Dachstein.

Scharten trennen sie von einander. Ganz anders zeigen sich die Berge im zentralen Dachstein: Horizontal gebankte Felsen sind hier charakteristisch. Für Bergsteiger und Kletterer bedeutet das auf vielen Routen: Zwischen Einstieg und Gipfel wechseln sich kurze Steilaufschwünge und Felsbänder in regelmäßiger Folge ab. Die einzelne Bank hat zwischen 30 Zentimeter und mehreren Metern Mächtigkeit. Bis zu 1500 Meter beträgt die Gesamtmächtigkeit dieses gebankten Dachsteinkalks. Für die Antwort auf die Frage musste man die Meeresforschung zu Rate ziehen. Erst der Blick auf die heutigen Meere lässt uns den Grund für die Unterschiede erkennen: Meer ist nicht gleich Meer. Genauso wie heute unterscheiden sich auch in der Vorzeit die Küstenformen. Salzgehalt, Wassertiefe und Temperaturen sind nicht überall gleich, die Strömung kann ganz verschieden sein. Diese Faktoren bestimmen, welche Organismen sich entwickeln können und welche Ablagerungen entstehen werden. Für Dachstein und Gosaukamm waren diese Bedingungen unterschiedlich.

Man stelle sich einen Küstenabschnitt in der heutigen Südsee vor: Sandstrand, Palmen, eine liebliche Meereslagune. Dann ein farbenprächtiges Riff, reich an exotischem Leben. Schließlich das offene Meer.

Man geht davon aus, dass der gebankte Dachsteinkalk im Bereich flacher Lagunen abgelagert wurde, also in Küstennähe. Das Wasser war nur einige Meter tief. Für Muscheln boten die lichtdurchfluteten Lagunen ideale Lebensbedingungen. Entsprechend ist das Leitfossil, also die wichtigste und am häufigsten aufzufindende Versteinerung im Dachsteinkalk, die Kuhtrittmuschel oder Megalodon. Ihr begegnet man im gesamten Dachsteingebiet. Häufig sind nur zerbrochene Schalenreste zu finden, da nur sie den Versteinerungsprozess überdauerten. Aber teils lassen sich vollständig erhaltene, dickwandige Muscheln in wunderbarer Kuhtritt- oder Herzform erkennen.

An den Felsplatten rund um die Adamekhütte wird man ohne langes Suchen große Exemplare mit bis zu 30 Zentimeter Durchmesser bewundern können. Der Übergang von der Simonyhütte zur Adamekhütte und weiter zur Hofpürglhütte gleicht einem regelrechten Megalodontenfriedhof. Aber auch beim Aufstieg zum Elisabethenstollen am Koppenkarstein durchläuft ein meterdickes Fossilienband die Felswand.

Neben Muscheln und Algen lassen sich auch Meeresschnecken, Foraminiferen (also einzellige Urtiere in höchstens Millimetergröße), Krebse, Schwämme und Seeigel als Lagunenbewohner ausmachen. Auch ihnen begegnen wir heute als Versteinerung im Dachsteinkalk. Je näher man damals dem Küstensaum gekommen wäre, desto seichter und wärmer wäre das Wasser geworden – bis man schließlich auf dem von Bakterien bedeckten Boden eines Wattenmeeres gestrandet wäre.

Noch reicher an Leben als die Lagunen war das vorgelagerte Riff, in dem etwa dreißig verschiedene Tier- und Pflanzenarten nachgewiesen wurden. Im Dachsteinriffkalk sind diese Tiere und Pflanzen als Fossilien zu finden. Gosaukamm, aber auch Eselstein, Sinabel und Stoderzinken im Osten des Dachstein-Hauptstocks sind aus Ablagerungen des

Riffs entstanden. Auf mindestens 800 Meter Mächtigkeit wird der Dachsteinriffkalk geschätzt. Wie in den rezenten Riffgebieten dominiert auch im Riff des Tethysmeers die Koralle. Das geschulte Auge macht im Gosaukamm immer wieder wunderschöne Korallenstöcke ausfindig. Je nach Sichtweise – ob Draufsicht oder Aufriss – muss man nach Steinen mit auffälligem »Punktemuster« suchen oder man sieht die Korallenäste von der Seite als deutliche Längsstreifen. Gut erhaltene Exemplare erlauben sogar einen Blick ins Innere der einzelnen Korallenäste. Die Umrundung des Gosaukamms auf Austriaweg und Steiglweg ist auch unter diesem Gesichtspunkt lohnend – landschaftlich zählt sie ohnehin zu den schönsten Wanderungen des Dachsteins.

Der kleinräumig unterschiedliche Entstehungsort von gebanktem Dachsteinkalk und massigem Dachsteinriffkalk ist also nicht nur für verschiedene Versteinerungen verantwortlich, sondern auch für die Andersartigkeit der Felsformationen.

Im Süden enden die Gesteinsschichten von Dachsteinkalk und Dachsteinriffkalk abrupt. Blickt man auf die Südwände von Mitterspitz und Dachstein, so markiert der Wandfuß jeweils auch die Untergrenze des Dachsteinkalks. Darunter folgen – teilweise vom Schutt des Dachsteinkalks überlagert – Hauptdolomit und Wettersteinkalk. Etwas genauer muss man zum Beispiel an der Bischofsmütze hinschauen. Die Gipfelbereiche der Großen und Kleinen Bischofsmütze sind ab Höhe der Gipfelschlucht aus Dachsteinriffkalk gebildet, der Sockel sowie Kamplbrunnspitz und Kampl bestehen aus Hauptdolomit, einem hellen, gelblichgrauen Gestein, das ungeschichtet und stark zerklüftet erscheint und hier bei weitem nicht so markante Gipfel bildet.

Von ganz praktischem Nutzen ist der folgende Wechsel im Gestein: Südlich des Kamplbrunnspitz kommen unter dem Hauptdolomit in geringer Mächtigkeit Lunzer Schichten zum Vorschein. Im Gegensatz zum Hauptdolomit, in dessen Klüften das Wasser sofort versickert, wirkt diese schiefrige Gesteinsschicht wasserstauend. An der Schichtgrenze Hauptdolomit/Lunzer Schichten sammelt sich das Wasser und sprudelt unter anderem am Kamplbrunn als Hangquelle ans Tageslicht – genau an der Stelle, an der die Felswände aus Hauptdolomit Lunzer Schichten überlagern. Auf den Lunzer Schichten haben sich saftige Almmatten gebildet. Der Quellaustritt liegt auf 2000 m, weist aber trotzdem eine üppige Schüttung auf. Selbst die Skitourengeher können von dieser praktischen Auswirkung der Geologie profitieren, da das Kamplbrunn ganzjährig Wasser führt.

Wie ist der Dachstein entstanden?

Während der Trias- und Jurazeit vor 240 bis 140 Millionen Jahren war unser Gebiet vom großen Tethysmeer bedeckt. Algen und Kleinstlebewesen existierten hier, bis hin zu besagten Korallen und Muscheln. Ihre sterblichen Überreste, vor allem die Kalkanteile, bedeckten den Meeresboden, wurden von Sand

Unterschiedliche Gesteine, unterschiedliche Gipfelformen. Am Kampl nahe der Bischofsmütze.

und anderen Sedimenten überlagert und Jahrhundert für Jahrhundert verdichtet und durch die Auflast neuer, obenauf liegender Schichten abgesenkt. Der Prozess der Versteinerung wurde so in Gang gesetzt. Was heute eine meterdicke gebankte Gesteinsschicht ist, benötigte mehrere tausend Jahre Ablagerungsvorgang.

Ein Großteil der Gesteine, die heute das Dachsteinmassiv ausmachen, wurden im Tethysmeer während der Obertrias abgelagert. Nur wenige Gesteinspakete am Dachstein sind früher entstanden. Etwa die sanften Geländeformen von Filzmoos, der Hachau und der westlichen Ramsau oder der vorgelagerte Rücken des Roßbrand mit dem weithin sichtbaren Sender. Diese im Erdaltertum (Ordovizium – Silur) von 500 bis 405 Millionen Jahre abgelagerten Grauwacken bilden sanftere Formen und niedrigere Berge, da sie stärker erodiert sind.

Das Tethysmeer, einige hundert Kilometer breit, bildete drei große Meeresbecken: Eines in nördlicher Lage (Nordpenninikum), ein nochmals geteiltes Becken in der Mitte (Südpenninikum oder Hauptdolomit-Lagune) und das sehr große Stammbecken im Süden der heutigen Alpen. Das Baumaterial für den Dachstein wurde im Riffgürtel gebildet, der die Hauptdolomit-Lagune vom tiefen Tethysmeer trennte. Vor ca. 65 Millionen Jahren wurden die Dachsteinsedimente dann durch die Kräfte, die die Plattentektonik während der Gebirgsbildung freisetzte, nach Norden verfrachtet und gefaltet. Dies wurde möglich, da ein Teil des mittleren Tethysabschnitts, das Südpenninikum, ins Erdinnere abtauchte. So gewaltig war der Schub Richtung Norden, dass die Gesteinspakete mitsamt ihrem kristallinen Untergrund über das Südpenninikum geschoben, gefaltet und zudem gehoben wurden. Erst dadurch wurde die jetzige Höhe von knapp 3000 Metern erreicht.

Die Schubkraft, mit der die afrikanische Platte auf die eurasische drückt und damit die Alpenfaltung überhaupt erst in Gang setzte, hält immer noch an. Die Alpen heben sich daher nach wie vor etwa einen Millimeter pro Jahr. Die Ostalpen bekamen jedoch schon seit Beginn der Hebungsphase weniger Druck zu spüren als die Westalpen – weshalb die höchsten Gipfel auch nicht in den Tauern, den Berchtesgadener Alpen oder im Dachstein stehen, sondern eben in den Westalpen zu finden sind und Montblanc und Monte Rosa heißen.

Natürlich sind die Gebirge nicht nur von den Kräften im Erdinneren geformt, sie sind auch der Erosion ausgesetzt. Beides hält sich die Waage. Für den Dachstein heißt das, dass es bei 2993 Metern bleiben wird.

Auf lange Sicht sind die Prognosen für den Hohen Dachstein noch schlechter, da letztlich die Abtragung siegt. Meist begegnet sie uns als schleichender Prozess, der erst über viele tausend Jahre deutliche Spuren hinterlässt. Manchmal wird uns jedoch vor Augen geführt, dass Erosion gewaltige Formen annehmen kann. Am 21. September und am 10. Oktober 1993 zum Beispiel, als bei Felsstürzen große Teile der Südwand an der Großen Bischofsmütze in die Tiefe stürzten.

Wie kommt das Salz in den Berg?

Cui bono? Wem nutzt es? So fragt nicht nur der Kriminalist, sondern auch der wirtschaftende Mensch. Welcher Nutzen lässt sich aus den Bergen ziehen? Da ist heutzutage natürlich der Tourist, der sich an den senkrechten

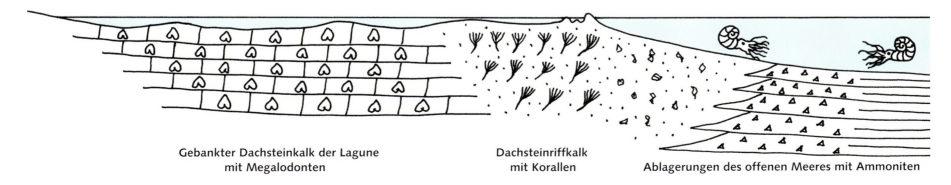

Gebankter Dachsteinkalk der Lagune mit Megalodonten   Dachsteinriffkalk mit Korallen   Ablagerungen des offenen Meeres mit Ammoniten

Felskoloss Grimming. Die bei der Alpenentstehung aufgestellten Gesteinspakete machen die ungeheuren Kräfte bewusst.

Felswänden des Dachsteins erfreut. Doch schon lange bevor im 19. Jahrhundert die ersten Erholungssuchenden kamen, betrieb man am Dachstein bereits Bergbau. So gab es zum Beispiel ein kleines Kupferbergwerk bei Filzmoos, das vollständig im Gebiet des Phyllit liegt, einer leicht glänzenden, grau-schwarzen Gesteinsschicht aus dem Erdaltertum. Möglicherweise wurde hier schon in der Bronzezeit Kupfer abgebaut, ähnlich wie am Hochkönigstock. Der Bergbau ist jedoch schon längst nicht mehr rentabel.

Ähnlich sieht es mit einem zweiten Bodenschatz aus: der Kohle. In der Nähe der Stoderalm entdeckte man 1845 Kohlevorkommen. Mit 1700 Meter Höhe handelt es sich um eine der höchst gelegenen Fundstellen der Ostalpen. Vor maximal 32 Millionen Jahren wurden in einem feucht-heißen Sumpfgebiet, vergleichbar mit den von Krokodilen bevölkerten Everglades im heutigen Florida, abgestorbene Pflanzen abgelagert und luftdicht abgeschlossen. Über die lange Lagerungsdauer verfestigten sich die Schichten zu Kohleflözen. Insgesamt elf Flöze sind am Stoderzinken entdeckt worden. Die dünneren sind lediglich zehn Zentimeter mächtig, die dickste Schicht umfasst knapp zwei Meter. Ein halbes Jahrhundert hindurch wurde die Kohle abgebaut.

Einen ungleich bedeutenderen Wirtschaftsfaktor macht der Salzabbau im Norden des Dachsteins aus, der hier seit prähistorischer Zeit betrieben wird. Doch woher kommen diese ergiebigen Salzlager westlich des Hallstätter Sees und am Ausseer See?

Das Salz findet sich im sogenannten Haselgebirge. Dieser Begriff bezeichnet ein relativ weiches Gestein, das Anhydrit, Gips und Salz führt. Entstanden sind diese Schichten während des Perm, das vor 286 Millionen Jahren einsetzt und vor 248 Millionen Jahren endet. Das heißt, sie sind deutlich älter als der dominierende Dachsteinkalk.

Die Entstehung des Salzstocks muss man sich so vorstellen: Durch Veränderungen in der Erdoberfläche wird ein kleiner, flacher Meeresteil abgetrennt und so vom ständigen Wasseraustausch abgeschlossen. Aufgrund der Verdunstung des Wassers während tropisch-heißer Phasen reichert sich in der Meerespfanne der Salzgehalt immer mehr an. Teile der allmählich entstehenden Salzkruste werden von Sediment überdeckt und daher bei neuerlichen Meereseinbrüchen auch nicht mehr aufgelöst. Diese Vorgänge wiederholen sich mehrfach. Im Rahmen der Alpenfaltung werden die besonders plastischen Schichten verdichtet, gefaltet und von anderen Schichten überschoben. Von diesem »weißen Gold« profitiert der Mensch in Hallstatt nachweislich seit 7000 Jahren.

Die geheimnisvollen Augensteine

Manchmal gibt die Natur schwierige Rätsel auf. Die Geologie ist davon nicht ausgenommen. Eines der Rätsel am Dachstein hieß »Augensteine«.

Anlässlich einer Befahrung der Koppenbrüllerhöhle schreibt Friedrich Simony über die Fremdgesteine, die hier zu finden sind. »Vorwiegend ist Quarz«, heißt es in seinem Bericht. Die hirsekorn- bis mannsfaustgroßen Stücke sind im anstehenden Kalk nicht zu Hause, sie sind Fremdgestein, das am Dachstein nicht zu finden sein dürfte. Aber sie sind in richtigen Nestern abgelagert und mit Kalkgeröllen gleicher Größe gut durchmischt. Nicht nur in der Koppenbrüller Höhle entdeckte man sie, sondern auch am Plateau »Auf dem Stein«, am Gjaidstein und am Niederen Kreuz, also auch in Gipfelnähe.

Wie aber lässt sich ihre Herkunft erklären? Ihre Fundstellen liegen sehr hoch, daher musste man ausschließen, dass sie aus einem anderen Gebiet stammen und durch Flußwasser hertransportiert wurden, obwohl die gerundeten Formen dies nahe legten. Der Wissenschaftler Simony stellte dazu die – später korrigierte – Theorie auf, dass sie die letzten Relikte einer älteren Gesteinsdecke sind, die über dem Dachsteinkalk lag, mittlerweile jedoch abgetragen worden war. Solche Überschiebungen sind auch am Dachstein nicht selten. Der Plassen im Norden und der Rötelstein im Süden gehören zum Beispiel beide der Hallstätter Decke an. Der Plassen wurde jedoch über die Dachsteindecke hinweggeschoben, während der Rötelstein im Süden zurückblieb.

Als Simony das Thema Augensteine um 1850 aufgriff, ging die Wissenschaft davon aus, dass der Dachstein bereits vor der Kreidezeit so weit angehoben war, dass die Entwässerung der Zentralalpen nicht mehr über das Dachsteingebiet stattfinden konnte. Heute weiß man es anders: Albrecht Penck, Simonys Nachfolger auf dem geografischen Lehrstuhl der Universität Wien, erkennt die spätere Hebung des Dachsteinstocks und schließt daraus, dass die Augensteine von Flüssen aus den bereits früher emporgehobenen Zentralalpen flächenhaft über den Dachstein transportiert und ab-

gelagert wurden. Dieser Prozess fand zu einem Zeitpunkt statt, als das Dachsteingebiet noch nicht gehoben worden war.

Größere Gerölle aus Fremdgestein lassen sich heutzutage kaum noch finden, schon Simony bedauerte, dass sie »schon sehr spärlich« vorkommen.

Geologische Bedeutung des Dachsteins

Der Dachstein und die angrenzenden Gebiete haben eine wesentliche Rolle in der Erforschung geologischer Sachverhalte gespielt. Erich Spengler hebt im Vorwort seines 1924 erschienenen Geologieführers bereits hervor, dass die Erforschung des ostalpinen Mesozoikums »geradezu« vom Salzkammergut ihren Ausgang genommen hat. Die Bedeutung lässt sich leicht nachprüfen. Geologische Neubeschreibungen werden häufig nach dem Gebiet benannt, in dem sie erstmals aufgefunden und dokumentiert wurden. Tatsächlich sind eine ganze Reihe von Gesteinsschichten nach dem Dachstein oder nach Lokalitäten hier, beziehungsweise in der näheren Umgebung benannt:

– Dachsteinkalk: Bezeichnet die stark gebankte Gesteinsserie, die den Hauptanteil am Massiv ausmacht.
– Dachsteinriffkalk: Die Kalkschichten, die den Gosaukamm bilden.
– Gosauschichten: Sie tragen ihren Namen von der Gosau und bezeichnen eine charakteristische Gesteinsabfolge, entstanden während der Zeit Oberkreide - Alttertiär, als das Gosaubecken vom Meer überflutet war.
– Hallstätter Kalke: Benannt nach Hallstatt. Dicke und dünne Bänke mit Kalzit-Fugen.
– Hirlatzkalk: Der Hirlatz (1933 m) ist ein mächtiger Felsstock südlich des Echerntals bei Hallstatt.
– Plassenkalk: Benannt nach dem Plassen, der sich westlich über dem Hallstätter Salzberg erhebt.

Nicht nach der Ramsau am Dachstein benannt ist der Ramsaudolomit, für ihn stand die Berchtesgadener Ramsau Pate. Trotzdem kann kaum eine andere Region so viele Gesteinsbenennungen aufweisen.

Gruselig und eindrucksvoll zugleich: der Blick aus einer Eishöhle am Großen Gosaugletscher hinunter auf den hell spiegelnden Vorderen Gosausee.

Das Ende des ewigen Eises?

»Man kann nur hoffen, daß die Gletscher, denen die landschaftliche Schönheit des Dachsteingebirges zu verdanken ist, wenigstens in ihrem jetzigen Umfang erhalten bleiben mögen.«
Ortwin Ganss 1954

Weihnachten in den Bergen. Sanna und Konrad, zwei Kinder, verirren sich im Schneegestöber und gelangen auf der Suche nach dem richtigen Weg bis zum Gletscher. »Die Kinder gingen nun in das Eis hinein, ...immer tiefer hinein. Es war ganz trocken, und unter ihren Füßen hatten sie glattes Eis. In der ganzen Höhlung aber war es blau, so blau, wie gar nichts in der Welt ist, viel tiefer und viel schöner blau als das Firmament, gleichsam wie himmelblau gefärbtes Glas, durch welches lichter Schein hineinsinkt. Es waren dickere und dünnere Bogen, es hingen Zacken, Spitzen und Troddeln herab, der Gang wäre noch tiefer zurückgegangen, sie wußten nicht wie tief, aber sie gingen nicht mehr weiter. Es wäre auch sehr gut in der Höhle gewesen, es war warm, es fiel kein Schnee, aber es war so schreckhaft blau.«

In einer Eishöhle unter dem Gletscher überstehen sie die Nacht. Am nächsten Morgen werden sie glücklich gerettet – Weihnachten kann gefeiert werden.

Konrad und seine kleine Schwester Sanna sind die Figuren in Adalbert Stifters »Bergkristall« (1845). Die Novelle verfasst Stifter angeregt durch ein Treffen mit Friedrich Simony in Hallstatt, bei dem er ausführlich von den Gletscherforschungen des Dachsteinprofessors erfährt. Simonys mitreißende Beschreibung der farbig schimmernden Eishöhle inspiriert ihn und so geht der Gosaugletscher – wenn auch nicht namentlich – in die Weltliteratur ein. Der Stoff hat an Bewegkraft nichts verloren, im Jahr 1999 kommt der »Bergkristall« unter dem Titel »Cristallo di Rocca« in die Kinos, verfilmt von Maurizio Zaccaro. Pünktlich zum Stifterjahr 2005 wird der Stoff von Joseph Vilsmaier erneut verfilmt.

Die Bedeutung der Dachsteingletscher

Ewiges Eis fasziniert. Die Gletscher am Dachstein tragen ganz wesentlich zu seinem Erscheinungsbild bei. Die beiden größten sind der Hallstätter Gletscher und der Große Gosaugletscher, sie fließen vom Hohen Dachstein in nordöstlicher und nordwestlicher Richtung ab. Von den sieben weiteren Gletschern sind nur der Schladminger Gletscher und der Schneelochgletscher noch größer als

Im Oktober 1840 dokumentierte Simony den Vorstoß des Karlseisfeldes – gut ein Jahrzehnt vor dem Höchststand.

Im September 1884 hatte der Gletscher mittlerweile schon wieder viel von seiner Größe verloren. Zum besseren Vergleich trug Simony den alten Gletscherstand mit ein.

zehn Hektar, während der Kleine Gosaugletscher, der Edelgrießgletscher, der Nördliche und Südliche Torsteingletscher und der Schmiedstockgletscher darunter liegen. Trotz des beständigen Abschmelzens stellt das Dachsteingebiet somit die größte vergletscherte Fläche der Nördlichen Kalkalpen dar, zugleich befinden sich hier die am weitesten im Osten gelegenen Eisflächen (abgesehen vom winzigen Triglav-Gletscher). Der Blick in die Vergangenheit und eine Prognose der Zukunft zeigen Folgendes: Die vergleichsweise starke Vergletscherung des Dachsteins war nicht immer gegeben und wird wohl auch nicht in diesem Umfang erhalten bleiben. Ja, die Veränderungen spielen sich sogar in geologisch sehr kurzen Zeiträumen ab. Durch den starken Gletscherrückgang im gesamten Alpengebiet wird uns heutzutage bewusst, dass das »ewige« Eis innerhalb weniger Jahre oder Jahrzehnte bedenklich abschmelzen kann. Letztlich sind die Gletscher ein Spiegel der klimatischen Verhältnisse, der mit ein wenig Zeitverzögerung funktioniert.

Während der zahlreichen Kältephasen der letzten 850.000 Jahre war das Dachsteingebiet immer wieder stark vergletschert gewesen. Vor 20.000 bis 18.000 Jahren hatte die letzte Eiszeit ihren Höhepunkt, die Gletscher dürften damals eine Mächtigkeit von über 1000 Meter erreicht haben und bildeten ein umfassendes Eisstromnetz. Mit einem riesigen Hobel vergleichbar bildeten sie zum Beispiel die Talfurche, in der heute die Gosauseen liegen. Der Eisstand war so hoch, dass sie über die heutige Zwieselalm teils nach Westen abfließen konnten. Auch der Hallstätter See ist ein Relikt der Eiszeit. Danach nahm die Vergletscherung ab, allerdings nicht kontinuierlich, sondern in einem Wechsel zwischen Gletscherschmelze während wärmeren Zeiten und erneutem Wachstum in kälteren Perioden. So erlebten die Alpen vor ca. 12.000 Jahren einen markanten Kälteeinbruch. Am Dachstein reichte der Hallstätter Gletscher nochmals bis über das Wiesberghaus und die Gjaidalm hinab. Die Gletscherzunge dürfte auf Höhe der Tiergartenalm oder Krippenau-Alm gelegen haben. Heutzutage muss man etwa drei bis vier Stunden aufsteigen, um von dort zum Eisrand zu gelangen.

Seit 10.000 Jahren schwanken Klima und Gletscher in relativ engen Grenzen, innerhalb derer es mehrere Gletschervorstöße, z. B. im Zeitraum 1000 – 500 v. Chr. gab. Doch das Gletscherwachstum fällt immer dürftiger aus. Die

So zeichnete Simony 1840 die Aussicht vom Hohen Gjaidstein auf Dirndln und Dachstein. Der Eisstein mitten im Hallstätter Gletscher ist noch nicht zu sehen – er ist noch vollständig vom Eis bedeckt.

jüngste Zuwachsphase mit sinkenden Temperaturen und wachsenden Gletschern begann ca. 1600 n. Chr. Den Höchststand innerhalb dieser Phase erreichten sie im Jahr 1850.

Die genaue Beobachtung der Gletscher ist heute durch Glaziologen gegeben. Die Bedeutung des Eises als Rückhalt für Wasser ist uns bekannt, auch die Gefahren, die beim Abschmelzen der Eismassen im Gebirge durch Steinschlag und Muren drohen, werden uns immer wieder vor Augen geführt. Welche Bedeutung die Gletscher für den Tourismus haben, wird deutlich, wenn bei der Diskussion um die Erschließung neuer Gletscherskigebiete die Interessen von Tourismusmanagern mit denen der Umweltschützer aufeinanderprallen. Am Dachstein ist einer weiteren Erschließung der Gletscher von Natur aus Grenzen gesetzt. Die oberen, flachen Passagen des Hallstätter und Schladminger Gletschers sind durch Liftanlagen, beziehungsweise Langlaufloipen erschlossen, die im Sommer und Winter genutzt werden können. Aufgrund der Höhenlage von ca. 2600 Metern und der bequemen Erreichbarkeit mit der Hunerkogelbahn finden sich hier ideale Trainingsbedingungen. Vor allem die Loipe wird von verschiedensten Nationalmannschaften frequentiert. Die anderen Gletscher dagegen sind wegen ihrer geringen Größe nicht in Gefahr erschlossen zu werden.

Computersimulationen zur Frage »Wie werden die alpinen Gletscher in 20, 30 oder 50 Jahren aussehen?« zeigen uns deutlich, dass das Hochgebirge klar an Attraktivität verliert, wenn die Gletscher abgeschmolzen sind. Wir tun uns schwer, dem Rückgang Einhalt zu gebieten, da die Maßnahmen, die die anthropogene Klimaerwärmung bekämpfen könnten, mit großem Verzicht verbunden und entsprechend unpopulär sind. Ein solcher weltweiter Verzicht auf fossile Brennstoffe wird daher in den nächsten Jahrzehnten genauso wenig zu erwarten sein wie ein Stopp beim Abholzen großer Waldgebiete. Lediglich bei der Dokumentation des Gletscherschwundes hat die Wissenschaft Fortschritte gemacht. Wie grundlegend anders waren da noch die Theorien und Methoden, die im 19. Jahrhundert bekannt waren.

Gletscherforschung im Wandel

Zunächst einmal konnte man es schon als einen Fortschritt betrachten, dass die Existenz von Gletschern am Dachstein überhaupt allgemein anerkannt wurde. Friedrich Simonys Nachfolger an der Universität Wien, Albrecht Penck, berichtet, dass es selbst im Jahr 1871 noch einige Gelehrte gegeben hatte, die es rundweg ablehnten, an Gletscher im Dachsteingebiet zu glauben, da diese ihrer Meinung nach im Kalk nicht vorkämen, sondern nur in den Zentralalpen. Dabei war schon 1834 auf einer Geografen-Tagung in Luzern durch de Charpentier und später durch Louis Agassiz Bewegung in die Gletscherforschung geraten. Die Lage von Findlingen versuchte man damals erstmals durch Gletscher zu erklären. Die gängige Meinung hatte bis zu diesem Zeitpunkt auf die Bibel zurückgegriffen und die Sintflut als Erklärung bemüht.

Angeregt von der Luzern-Tagung entdecken Wissenschaftler in den West- und Ostalpen die Gletscher als lohnendes Forschungsgebiet. Am Dachstein beginnt Friedrich Simony die Untersuchungen und führt sie über fast ein halbes Jahrhundert fort. Die technischen

Auch der Große Gosaugletscher über der Adamekhütte schmilzt, in manchen Jahren verliert er bis zu 14 Meter Länge.

Möglichkeiten verbessern sich in dieser Zeitspanne zunehmend. Bei seinen ersten wissenschaftlichen Arbeiten am Karlseisfeld im November und Dezember 1842 stellt Simony Signalstangen auf dem Gletscher auf, um »das Vorrücken oder Nichtvorrücken des Gletschers während des Winters« zu erforschen. Außerdem beschäftigt ihn die Frage, ob das Eis an der Auflagefläche zum Gestein durch die Erdwärme abschmilzt. Um dies zu erforschen, begibt er sich in das Gletschertor und steigt ein Stück unter den Gletscher hinein. Er erkennt nicht nur, dass der Gletscher nicht zum Schmelzen gebracht wird, sondern er ordnet das »Steinmehl«, das er hier findet, als vom Gletscher abgeschliffenen Staub ein und erkennt, dass es zuständig ist für die trübe Färbung der »Gletschermilch«, also der Gletscherbäche.

Bei dieser abenteuerlichen Expedition findet Simony unter dem Gletschertor ein Stück Humus. Er untersucht die Probe zu Hause genauestens, vermutet aber schon vor Ort, dass der Humus sich wohl während einer wärmeren Phase der Erdgeschichte am Dachsteinplateau gebildet haben muss, als das Gelände eisfrei war. Von der Sennerin Nanni wird er darin bei seiner Dachstein-Besteigung im September 1843 bestätigt. Sie erzählt die Sage von den übermütigen Sennerinnen, die es in ähnlicher Art auch von anderen Hochgebirgsgegenden gibt: Die Eismassen seien eine Strafe für den Übermut der Sennerinnen, die am Dachstein vor »mehr als tausend Jahren« gelebt hätten. Der Ertrag war so gut gewesen, dass sie ein zügelloses Leben begannen und sogar die Almwege mit »Butter und Schotten«, einer Käseart, pflasterten. Ein Frevel, auf den die Strafe sofort folgte: Schnee kam, immer mehr Schnee. So viel, dass die Almen mitsamt den übermütigen Sennerinnen versanken.

Als Bestätigung für den Wahrheitsgehalt der Sage galt den Einheimischen auch, dass am Gletscherrand wiederholt Geräte der Sennerinnen zum Vorschein kamen. Bei Gletscherstudien im ganzen Alpenraum findet Simony später auch selbst Stücke von Zirbenstämmen, die sich weit über der damaligen Baumgrenze befinden. Er sieht darin eine Bestätigung für vergangene wärmere Perioden. Man geht heute davon aus, dass die Sage einen durchaus wahren Kern hat und das Dachsteingebiet während nacheiszeitlicher Wärmephasen nur gering vergletschert war. Dem entspricht eine alte Landschaftsbezeichnung, die bei der Ersten Josephinischen Landesaufnahme 1764 – 1787 zu finden ist: Neben dem »Schnee Gebürg« für den Hallstätter Gletscher und dem »Ewigen Eis« für die nördliche Fortsetzung taucht auch der Begriff »Verfallene Alm« auf.

Bei späteren Besuchen dokumentiert Simony außerdem die Lage von Gletschertischen, um so die Geschwindigkeit des Gletscherflusses zu berechnen. An Felsen in der Nähe der Simonyhütte bringt er Markierungen an und misst im Jahresturnus den Abstand zur Gletscherzunge. Einer dieser Punkte trägt heute noch die Zeichen »1883 F. + S.« und befindet sich auf dem Weg zwischen Simonyhütte und Gletscher. Bei einem Besuch im Oktober 1846 noch vor dem Gletscherhöchststand meißelt er in der Nähe der Gletscherstirn mehrere drei Millimeter tiefe Kreuze in den anstehenden Fels. Zwei Jahre später sind diese Markierungen vom vorrückenden Eis überdeckt. Als Simony Jahre später nach dem Gletscherrückgang die Stelle erneut aufsucht, ist der Fels um mindestens drei Millimeter abgeschliffen, da die Markierung nicht mehr sichtbar ist. Mit so einfachen Mitteln und doch so wirkungsvoll geht zu Simonys Zeit die Forschung vor sich. Gletschervorstoß und -rückgang werden vom Dachsteinprofessor exakt dokumentiert durch Beschreibungen und Zeichnungen. Er stellt Vergleiche zu vielen anderen Gebieten an, die er erforscht hat. Friedrich Simony hat dabei aus heutiger Sicht den großen Vorteil, dass er sowohl den Vorstoß der Eismassen zum Hochstand von 1850 miterlebt, als eben auch das Abschmelzen und den Rückgang der Gletscher in den Jahren danach.

Als eine besondere Dokumentationsart sind Simonys »Charakterbilder« zu bezeichnen, auf denen er eine Ideallandschaft kreiert, um für den Betrachter typische Erscheinungsformen in einem Bild zusammenzufassen. Das Bild »Gletscherphänomene« zeigt eine Region mit mehreren Eisströmen, teils mit wilden Séraczonen. Wie sehr der Mensch von dieser Extremlandschaft fasziniert ist, mag sich daran zeigen, dass Simony das Original auch als 7 m² großes Aquarell ausfertigt und dafür auf den Weltausstellungen in London 1862 und Wien 1873 ausgezeichnet wird.

Als über Sechzigjähriger wendet er sich einer neuen Technik zu, der Fotografie. So entstehen die ersten Fotos vom Dachstein. Ein Teil der Aufnahmen ist in Simonys dreibändigem Dachsteinwerk (1889 – 1895) veröffentlicht.

Auch wenn hier bei weitem nicht mehr die Gletscherhöchststände von 1850 zu sehen sind, erkennt man doch, welche Ausmaße der Gletscherschwund in den vergangenen gut hundert Jahren angenommen hat.

Auf Gletscherkarten muss man zu Simonys Zeit noch warten. 1896 wird zwar durch Maximilian Groller von Mildensee das Karlseisfeld als erster Gletscher der Ostalpen als Gesamtes aufgenommen und in einer Karte 1:12.500 herausgegeben – bis dahin waren immer nur die Gletscherzungen vermessen worden. Albrecht Penck, nach Simonys Tod die graue Eminenz des Dachsteingebiets und eigentlicher Begründer der modernen Eiszeitforschung im Alpenraum, findet für die Gletscherdarstellung jedoch kein Lob, wenn er kurz nach Erscheinen der Karte sagt: »Eine genaue Mappierung des Karls-Eisfeldes« wäre ein »schönes Erbe Simonys für einen tüchtigen Gletscherforscher«, und damit die eben vorgenommene Aufnahme als nicht »genau« und Groller von Mildensee als nicht »tüchtig« darstellt. So vermisst Arthur von Hübl in den Sommermonaten 1899 und 1900 das Karlseisfeld nochmals und erstellt damit eine der ersten Gletscherkarten mittels der damals neuen Messtischfotogrammetrie. Die Karte erscheint im Maßstab 1:10.000 mit einer Äquidistanz von 25 Metern. Aus heutiger

Am Hallstätter Gletscher. Fels und Eis bestimmen die Höhenregion des Dachsteins.

»Wie himmelblau gefärbtes Glas« beschreibt Adalbert Stifter den Eindruck unter dem Gletscher. Hier unter dem Gosaugletscher.

Gegenüberliegende Seite: An Stelle des Karlseisfeldes befindet sich heute der Untere Eissee. Der Aufnahmestandpunkt liegt etwa an Simonys Dokumentationsstelle von 1840 und 1884.

Sicht ist sehr gewöhnungsbedürftig, dass die Karte nach Süden ausgerichtet ist.
Heute tun sich die Wissenschaftler bei der Erforschung der Gletscher leichter. Einerseits erlaubt der technische Fortschritt eine größere Genauigkeit, andererseits gibt es immer weniger zu erforschen! Auch wenn der einzige Gletscher der Steiermark, der Edelgrießgletscher auf der Südseite des Koppenkarsteins, im Jahr 1850 bereits nur noch 420 Meter Länge aufweist und von Simony trotz Spalten und kleiner Moräne als »Fernerembryo von bescheidenster Ausdehnung« bezeichnet wird, gibt es damals immerhin zwei Eisflächen von jeweils über drei Kilometer Länge: Der Große Gosaugletscher und der Hallstätter Gletscher mit dem Karlseisfeld.

Das Karlseisfeld, an dem Simony eine Vielzahl von Untersuchungen vorgenommen hat, existiert heute nicht mehr. Zum Gletschermaximum reichte es bis zum Unteren Eissee auf 1900 Meter. Die Steilstufe zwischen Oberem und Unterem Eissee aperte noch während Simonys Wirken aus, nur im Kar des Unteren Eissees blieb noch über viele Jahre ein isolierter Eisrest liegen.
Die vier größeren Dachsteingletscher werden seit 1975 jährlich vermessen. Vorher sind die Veränderungen teils nur in größeren Zeitabständen dokumentiert. Die Ergebnisse sind erschreckend: In den ca. 150 Jahren seit dem Gletscherhöchststand hat der Hallstätter Gletscher zum Beispiel über 1,7 Kilometer Länge verloren, das entspricht etwa der Hälf-

te. Für die kleinen Gletscher sieht die Entwicklung noch katastrophaler aus: Vom Nördlichen Torsteingletscher sind noch klägliche 17 % übrig, vom Schmiedstockgletscher noch ein Drittel.
Während 1920 und 1980 jeweils ein kleiner Zuwachs zu verzeichnen war, schmelzen die Eismassen seit 1981 im Eilzugtempo dahin. Bei Messungen im Jahr 1967/68 stellte man nur noch für den Hallstätter und den Großen Gosaugletscher eine mittlere Eismächtigkeit von 33 beziehungsweise 29 Metern fest, alle anderen Gletscher liegen zwischen zwei und neun Metern. Aus den einst mächtigen Eisströmen ist eine dünne Decke auf dem Felsuntergrund geworden. Dokumentieren wir das Ende des »ewigen« Eises?

In der Mammuthöhle: Der Gang, durch den vor langer Zeit die Paläo-Traun floss.

Karst auf Schritt und Tritt

»*Die Oberfläche alles Gesteins ist rauh und ausgefressen, als wäre einst Säure darauf herabgeregnet.*«

Friedrich Simony

❖

Imposant sind die Südwände des Dreigestirns Dachstein – Mitterspitz – Torstein, kühl erhaben wirkt die vergletscherte Nordseite. In Hallstatt meint man den Hauch der Jahrtausende greifen zu können, in der Ramsau kennt man nur Sonnentage, kurz: Der Dachstein hat viele verschiedene Gesichter! Vielleicht am beeindruckendsten ist aber die wilde Karstlandschaft. Geologen sprechen von einer über 300 km² großen, geschlossenen Fläche, die von verkarstungsfähigem Gestein wie Dachsteinkalk und -riffkalk gebildet wird und keinen oder kaum oberirdischen Abfluss aufweist. Über die Hälfte des Gebirgsstocks entspricht damit der Definition für Karst.

So entsteht der Karst

Tatsächlich fehlen in der oberen und mittleren Etage des Dachsteins die in anderen Gebirgsgruppen häufigen Quellen und Bäche. Vor allem wer schon einmal auf den unübersichtlichen Kuppen des Hochplateaus »Auf dem Stein« unterwegs war, dem wird der Wassermangel sicherlich noch in schlechter Erinnerung sein.

Paradoxerweise ist Kalkgestein – und damit auch der Dachsteinkalk – eigentlich ein wasserundurchlässiges Gestein. Man müsste also vermuten, dass gerade hier Regen und Schmelzwasser auf der Oberfläche abfließen. Kalk ist aber auch spröde, neigt zu Rissen und Klüften und ist säureempfindlich. Das im Wasser gelöste Kohlendioxid aus der Luft greift den Kalk an und führt in einer chemischen Reaktion zur Gesteinslösung. Die feinen Risse und Klüfte sind der beste Angriffspunkt, da Wasser eindringen kann und sie allmählich erweitert. Ein anderer Angriffspunkt sind beim geschichteten Kalk die Schichtfugen, an deren Verlauf die Säure ebenfalls immer größere Hohlräume schafft. So wird der oberflächliche Abfluss zum unterirdischen verlagert.

Natürlich ist die Lösungsfähigkeit des eindringenden Wassers irgendwann erschöpft, so dass nach einer gewissen unterirdischen Abfluss-Strecke kein Potenzial mehr vorhanden ist. Treffen aber zwei jeweils gesättigte Bäche zum Beispiel in einer Höhle zusammen, so kommt es zur Mischkorrosion, da die beiden in der Regel unterschiedlichen CO_2-Gehalt haben und damit auf unterschiedlichem Niveau gesättigt sind. Nach dem Motto »Gemeinsam stark« weist nun die Mischung der beiden erneut Lösungspotenzial auf. Das bedeutet, dass sich auch tief im Inneren des Gesteins das Wasser noch weiter nach unten »fressen« kann. Wer nun an die 0,035 %

*Messerscharfe Rillenkarren.
Eine Wunderwelt aus Stein.*

Kohlendioxid in der Luft denkt, und der Kalklösung nur geringe Kräfte zumisst, der hat weder die organische Huminsäure mitberechnet, noch die höhere CO_2-Konzentration in Bodennähe, die den Säureanteil auf bis zu 4 % erhöhen können. Ist das Kalkgestein daher von Vegetation bedeckt, so ist die Wassermischung aufgrund der Huminsäure viel aggressiver und setzt dem Gestein viel mehr zu. Und das obwohl man bei diesem sogenannten »bedeckten« Karst zunächst weniger oberflächliche Karstformen bemerkt.

Oberflächenkarst

Wer am Dachstein unterwegs ist, sieht zuerst die Formen, die der Karst an der Oberfläche bildet. Ob beim Aufstieg zur Adamekhütte oder zur Simonyhütte, ob bei der Umrundung des Gosaukamms oder der Überquerung des Plateaus – überall stößt man auf die vielfältigen Formen von Karren.

Da sind die Rillenkarren, die manche, stark geneigte Felspartie in wenige Zentimeter breite Lamellen zerfressen haben. Oft setzen sie schon am obersten Punkt eines Felsens an und bilden am Scheitel einen richtigen First aus, von wo das Wasser wie bei einem Satteldach auf beiden Seiten abläuft. Die Miniaturgrate sind teils messerscharf herausgefressen und verlaufen schnurgerade.

Manchmal sind die Karren auch breiter, dann nennt man sie Rinnenkarren. Je nach Neigung des Untergrunds verlaufen sie ebenfalls geradlinig oder auch in Mäanderform. Sie sehen wie kleine Bobbahnen aus.

Seltener sieht man wirkliche Mäanderkarren. Auf der schwach geneigten Fläche wirken sie wie versteinerte Flussläufe, bei denen das Wasser Schlinge für Schlinge in den Fels geschoben hat.

Am Dachstein kommt es häufig vor, dass durch das Zusammenwirken von Säure und Klüften beziehungsweise Schichtfugen sogenannte Kluftkarren entstehen. Sie bilden ganze Karrenfelder aus: Zerborstene und zerfressene Flächen, auf denen sich dezimeterbreite Rippen und bis zu metertiefe Klüfte abwechseln. In manchen der Klüfte haben sich auf einer spärlichen Humusdecke erste Pflanzen angesiedelt und sorgen mit frischem Grün für einen hübschen Kontrast. Hier gibt es richtige kleine Überlebenskünstler zu bewundern.

Die Formen sind ausgesprochen vielfältig. Bei einer Wanderung durch den Karst wird man auf Schritt und Tritt neue Variationen entdecken und sich am Ende schwer tun, die »schönsten« Karren zu bestimmen.

Manche Karrentypen warten noch auf Erforschung. Simonys Theorie, dass die Karren »Spuren der vorgeschichtlichen Eiszeit im Salzkammergut« wären und durch das Schmelzwasser ehemaliger Gletscher entstanden sind, also durch rein mechanische Wirkung und nicht durch Lösung, kann heute als falsch eingestuft werden. Das Eingangszitat aus seiner Feder beweist allerdings, dass Simony trotz der Eiszeittheorie sein Untersuchungsgebiet sehr genau und treffend beschrieb. Er spricht also bereits von Säure, obwohl es dafür noch keinerlei Hinweise gibt. Ungeklärt ist aber beispielsweise wie »Trittkarren« entstehen und wie sie sich genau bergauf verschieben. Die »Tritte« lassen an den Fußabdruck eines Elefanten denken. Im Laufe der Zeit verlagert sich die ebene Sohle dieser Tritte Richtung Berg.

Als Künstler im Kleinen schafft Säure im Kalkgestein Meisterwerke:
Steinmäander von wenigen Metern, Firstkarren von einigen Zentimetern und Miniaturklüfte,
die Platz geben für Vegetation.

Wunderschöne Karrenformen wird man rund um die Adamek- und die Simonyhütte entdecken, auch der Übergang zwischen den beiden Häusern ist in Sachen Karst kaum zu überbieten. Auf dem Stein erlebt man zusätzlich zum Karst große Abgeschiedenheit, auch wenn die einzelnen Formen nicht in dieser Fülle zu sehen sind. Auf kleinem Raum kann man Karstphänomene am Krippenstein bewundern. Hier lädt ein zwei- bis dreistündiger Karstlehrpfad zum Heilbronner Kreuz ein. Auch die benachbarten Berge Margschierf und Speikberg sind eine Wunderwelt aus Karst, verlangen jedoch Trittsicherheit und Orientierungsfähigkeit.

Ungefährlich sind Karstwanderungen abseits der markierten Wege nämlich nicht. Dafür sind andere Karstformen verantwortlich: Karstschlote und Dolinen. Karstschlote lassen an eine Kaminöffnung denken, deren Durchmesser von ein paar Zentimetern bis zu ein paar Metern reicht. Meist führt der Schlot nur einige Meter senkrecht hinab, manchmal endet er aber erst nach hundert Metern wie beim Zaglauer Loch südwestlich der Plankensteinalm. Oder er führt weiter in ein Höhlensystem. Der dann stattfindende Luftaustausch hat den Karstschloten den Namen »Windlöcher« eingebracht. Solche Schlote entstehen an den Kreuzungspunkten von Klüften, in denen sich

Der Große Gosaugletscher und die wilden Formen des Oberflächenkarsts im vorgelagerten Kar.

Wasser gesammelt und einen Weg in die Tiefe gesucht hat. Im Sommer ist im Karst also Vorsicht geboten, im Winter kann die Begehung der leicht verschneiten Karstoberfläche lebensgefährlich sein, da die Öffnungen der Schlote meist durch eine dünne Schneeschicht bedeckt und nicht mehr zu erkennen sind.

Eine weniger steile Böschung haben die zahllosen Dolinen. Wie große Trichter oder Kessel sehen sie aus. Dolinen bilden sich entweder durch großflächige Kalklösung oder auch durch den Einsturz von Höhlen. Sie können mehrere hundert Meter breit werden. Im Dachsteingebiet sind sie nordseitig fast überall zu finden. Othmar Schauberger, der sich in den Erläuterungen zur geologischen Karte Dachstein dem Karst gewidmet hat, spricht von vierzig bis fünfzig Dolinen pro Quadratkilometer. Gruslig tiefe Dolinen und Schlote finden sich am Fuß des Schreiberwandecks. In diesen Löchern bleibt im Frühjahr noch lange der Schnee legen. An manchen Stellen sogar ganzjährig. Aufgrund des anderen Lokalklimas findet man in den Dolinen auch eine gänzlich unterschiedliche Vegetation als im umliegenden Gebiet.

Wie große, abflusslose Becken sehen die Poljen aus. Die Grubalm nordwestlich der Tiergartenalm liegt beispielsweise in einem Polje. Manche dieser großen Vertiefungen sind mit Verwitterungsmaterial so abgedichtet, dass sich kleine Seen aufstauen, wie dies bei den Hirzkarseen der Fall ist.

So große Gruben wie das Hölltal nördlich des Sinabel dagegen dürften vor allem auf die Tektonik zurückzuführen sein. Das Hölltal ist über einen Kilometer lang und 300 Meter tief. Die tektonische Störung verläuft hier in nordöstlicher und nordwestlicher Richtung und ist für die Ausbildung des Hölltals mit dem blaugrünen Hölltalsee verantwortlich. Er soll bei besonderen Wetterkonstellationen »brüllen«.

Wunderwelt der Höhlen

Wenn Wasser genügend Zeit hat, auf das Kalkgestein einzuwirken und der Säuregehalt entsprechend hoch ist, so bilden sich große Höhlen aus. Der Dachstein kann bei dieser unterirdischen Karstform mit verschiedenen Superlativen aufwarten. Da ist einmal die absolute Zahl der Höhlen im Dachsteingebiet: 130 waren im Jahr 1953 bekannt, Schächte und Halbhöhlen nicht mitgerechnet. Heute verzeichnet das Höhlenkataster bereits über 600. Die meisten dieser Höhlen finden sich in einer Höhenlage zwischen 1500 und 2000 Metern und sind heute nicht mehr aktiv. Nur noch knapp ein Viertel ist an der Entwässerung des Gebirgsstocks beteiligt und gilt damit als aktive Höhle.

Wer sich nun riesige unterirdische Hallen und kilometerlange Röhrensysteme vorstellt, liegt nur für einige wenige Höhlen richtig. In mehr als der Hälfte der Dachsteinhöhlen sieht man vom hintersten Winkel immer noch das Tageslicht: Sie sind zwischen 5 und 49 Meter lang. Doch es existieren auch einige Höhlen von gigantischen Ausmaßen, insgesamt sieben Höhlen haben eine Länge von über zweitausend Metern. Drei davon sind als Schauhöhlen für jedermann zugänglich: Koppenbrüllerhöhle, Rieseneishöhle und Mammuthöhle. Wie der Name schon andeutet, hat es mit der Koppenbrüllerhöhle eine besondere Bewandtnis: Sie gehört mit 4544 m Länge zu den wenigen aktiven Höhlen, in deren hinterem Teil ein beeindruckender Höhlenbach rauscht. Erstmals untersucht wurde die Höhle 1869 von Friedrich Simony. Er beschreibt auch, wie sie zu ihrem Namen kommt: Bei starken Regenfällen steigt der Wasserspiegel in der Höhle dermaßen an, dass aus dem sonst trockenen Höhleneingang ein mächtiger Bach sprudelt. Bevor es dazu kommt, werden große Luftmassen mit hohem Druck aus der Höhle herausgepresst, was den Menschen früher wie das Brüllen eines wilden Tieres vorkam.

Die Höhle wird ansonsten durch tiefer liegende Felsspalten entwässert, durch die der Höhlenbach nahe am Ufer der Koppentraun ans Tageslicht tritt. Ihr Reiz, aber auch eine gewisse Gefahr liegt im Rauschen des Baches, der selbst »Höhlenprofis« schon in bedenkliche Situationen brachte.

Anlässlich der Eröffnung der Koppenbrüller als Schauhöhle im Jahr 1910 war Georg Lahner, einer der Verantwortlichen, in der sogenannten Kapelle im Mittelteil beschäftigt. Als er zur Mittagszeit durch die Krokodilhalle zum Höhlenausgang gehen wollte, stellte er fest: »Mir blies ein so heftiger Wind entgegen, daß das Licht der Grubenlampe beinahe ausgelöscht wurde, was umso auffallender war, als in diesen Gängen niemals ein stärkerer Luftzug herrschte. Überdies hörte ich ein Brausen wie von einem Sturmwind, das sich mit jedem Schritt verstärkte und zu einem Getöse anwuchs, das wie eine barbarische Musikkapelle mit Orgelbegleitung klang. Gleich darauf gaukelte mir der Schein der

Eisstalagmiten und -stalaktiten in der Rieseneishöhle.

Die Obere Brandgrabenhöhle ist eine von über 600 unerschlossenen Dachsteinhöhlen.

Zu Recht zieht die Rieseneishöhle alljährlich weit über hunderttausend Besucher an.

Lampe sonderbare Lichtreflexe am Boden vor – ich stand vor dem Wasser, das plötzlich mehrere Meter hoch in die Krokodilhalle eingebrochen war. ... Das Wasser stieg rapid, fast stoßweise, kaum daß ich einen Moment so stand, drang mir die Flut schon bis an die Knöchel. Ich schauderte bei dem Gedanken, an diesem grauenhaften Orte eingeschlossen und abgeschnitten von aller Hilfe zu sein. ... Um halb 7 Uhr abends gewahrte ich, daß die Decke der Krokodilhalle vom Wasser frei wurde. Nun machte ich den ersten Versuch zu meiner Rettung. Den Haken der Lampe zwischen den Zähnen, schritt ich ins wirbelnde Wasser. Nach wenigen Schritten mußte ich den Versuch aufgeben, die reißende Flut drohte mich umzuwerfen und dann wäre ich mit ihr im Siphon verschwunden.« Erst nach etlichen Stunden war das Hochwasser so weit gesunken, dass Lahner die Koppenbrüllerhöhle unverletzt verlassen konnte.

Eine weitere Attraktion gibt es heutzutage nicht mehr: Georg Lahner hatte aus der Adelberger Grotte zwei Grottenolme, eine speziell an Höhlen angepaßte Lurchart, in die Koppenbrüllerhöhle umgesiedelt.

Die zweite Schauhöhle ist die Rieseneishöhle, die man bequem mit der Krippensteinbahn erreicht. »Das größte Wunder dieser Grottenwelt bildet unstreitig die während der österreichischen Höhlenforscherwoche vom 11. bis 18. September 1910 vom Vereine für Höhlenkunde zur Gänze erforschte Dachstein-Riesenhöhle bei der Schönbergalm, die sich als die derzeit größte Eishöhle des Kontinents erwies«, berichten Hermann Bock und Georg Lahner in ihrem ersten Forschungsbericht stolz.

Die Höhle soll 1897 von dem Obertrauner Peter Gamsjäger entdeckt worden sein, als er auf der Suche nach einem entlaufenen Ziegenbock während eines Unwetters im Eingangsbereich Unterschlupf suchte. Die ersten Versuche einer Erforschung misslingen, da der eisgepanzerte Eingangsschacht nicht überwunden werden kann. Immerhin wird er von dem Salzburger Maler Alexander Mörk von Mörkenstein auf 28 Meter Tiefe vermessen. Im Juli 1910 wird bei zwei Expeditionen, die Georg Lahner leitet, der Schachtgrund erreicht, da man eine entsprechend lange Strickleiter mitgebracht hat. Die Expeditionsteilnehmer sind begeistert. Sie fühlen sich wie im Märchenland, bewundern die Eissäulen, die sie an gotische Meisterwerke erinnern, und träumen von den noch verborgenen Naturwundern im weiteren Verlauf der Höhle. Ein nächster Besuch findet im August statt, nun ist neben Georg Lahner auch Hermann Bock mit eingeladen, der damals Vorsitzender des Vereins für Höhlenkunde in Österreich ist. Gemeinsam beschließen sie »mit Heranziehung aller verfügbaren Kräfte und Mittel, die-

se Entdeckungen zielbewußt zu Ende zu führen.« Am 11. September geschieht dies durch eine zehnköpfige Gruppe, der die »hervorragendsten Mitglieder« des Vereins und »bewährte Forscher« angehören. Drei Träger sind engagiert, um 45 Meter Drahtseilleitern, 140 Meter Seil und neben Vermessungsgeräten auch »photographische Apparate« zum Höhleneingang zu tragen.

Wiederum fühlen sich die Teilnehmer in eine andere Welt versetzt, vor allem in der riesigen Eishalle, die sie »Tristandom« benennen. Achtzig Meter Länge misst man und am Ende der Halle ragt eine Stalagmitengruppe in die Höhe. Die höchsten der Eistürme erreichen acht Meter. Genug, um sie Monte Kristallo zu nennen. Von hier gehen die Erforscher auf einem hundert Meter langen Eisstrom weiter ins Innere des Berges. Der »Kristallogletscher« führt sie hinab in den Kreuzgang und nach Belrapeire. Hier wartet ein neues Wunder: der Parsivaldom mit dem »kristallenen Palast Gralsburg«. 120 Meter lang ist diese mächtige Halle. Trotz ihrer Größe herrscht zauberhaftes Dämmerlicht, das die Forscher auf den hellen Fels und die Reflexion am blauschimmernden Eis zurückführen.

Durch den Keyeschluf, der damals nur einen Meter Deckenhöhe aufweist, gelangen sie in eine noch gewaltigere Halle, den König Arthus-Dom. Die Forscher sind nicht mehr zu bremsen: »Nach allen Richtungen stob die Gesellschaft, von Entdeckungseifer getrieben auseinander.« Neben neuen Wundern aus Fels finden sie auch Skelettreste von Höhlenbären. Die beiden Flussläufe Plimisoel und Korsa, die wieder Richtung Tageslicht führen würden, werden noch erkundet, sie sind aber damals noch nicht so weit begehbar, dass sie im Freien enden. Nach 27 Stunden Höhlenfahrt ist der Ausgang der Rieseneishöhle erreicht. Erschöpft, aber sicher »das größte Wunder dieser Grottenwelt« gesehen zu haben, stehen die Teilnehmer wieder an der Erdoberfläche. Heutzutage dauert der Rundgang durch die Schauhöhle eine knappe Stunde. Seit Ende des Ersten Weltkriegs ist sie für Touristen erschlossen und durch elektrisches Licht ausgeleuchtet. Durch einen zweiten Eingang links neben dem ursprünglichen begeht man einen Rundgang, der die Eiswunder des Parsival- und Tristandoms als Abschluss hat.

Mit einem hatten die Erforscher nicht ganz recht: »Zur Gänze« hatten sie die Höhle nicht erforscht, heute sind 2700 Meter Ganglänge bekannt.

Auch wenn der Name der Rieseneishöhle auf besondere Dimensionen hinweist, die größte Höhle am Dachstein ist sie nicht. Unter den Schauhöhlen ist die nahe gelegene Mammuthöhle wesentlich größer. Mit über 60 Kilometern Ganglänge ist sie die drittlängste Höhle in Österreich. Auch ihre Vertikaldistanz ist ge-

Im Echerntal. Hier tritt das Karstwasser wieder zutage.

waltig: 1207 Meter sind es vom höchst gelegenen zum tiefsten Punkt.

Erforscht wurde sie wie die Rieseneishöhle anlässlich der Forschungswoche im September 1910, als krönender Abschluss sozusagen. Den heute nicht mehr benützten westlichen Eingang hatten Hermann Bock und Alexander Mörk von Mörkenstein bereits erkundet. Am 17. September steigen die neun Teilnehmer der Höhlenfahrt abends ein. Ähnlich wie in der Rieseneishöhle finden sie auch hier Eis vor, allerdings in weniger beeindruckender Menge. Stattdessen sind sie schon sehr bald überzeugt, eine wirklich große Höhle zu erforschen. Durch einen Canyon, der sie an die Colorado-Canyons erinnert, kommen sie ins Weiße Labyrinth, ein System von Hallen und Gängen, immer wieder unterbrochen von Schloten.

Schon bald geht es nur noch in gebückter Haltung vorwärts, schließlich wird der Weiterweg so eng, dass sie den folgenden, 70 Meter langen Gang am Bauch schliefend zurücklegen. Zu allem Übel fällt der Schluf bald steil ab. Die Forscher müssen sich in dem nassen, lehmigen Stollen zwischen Boden und Decke verspreizen, um nicht ungebremst in die Tiefe zu sausen. Für das kalte Bad im Morast bedankt man sich mit dem Namen Krokodilschluf. Bei der anschließenden Erforschung des Schwarzen Labyrinths teilt sich die Gruppe. Einen der Teilnehmer findet man später nur durch Zufall wieder, da man seine Hilferufe tief unter einem Blockfeld hört. Er war einem tiefer gelegenen Gang gefolgt und saß dort fest, da seine Lampe ausgegangen war. Um zwei Uhr morgens legt die Expedition eine erste Rast ein. Voller Überzeugung schil-

Herbstimpressionen am Echernbach.

dert der Bericht an dieser Stelle die Vorzüge eines Flammensitzbades: »Einige Teilnehmer nahmen ein bei langen Höhlenfahrten beliebtes »Flammensitzbad«, das darin besteht, daß man einige Fetzen Papier in Brand steckt und sich in hockender Stellung darüber kauert. Die wohltuende Wirkung, die solch ein Bad auf die starren Glieder ausübt, wird sich ein Laie kaum vorstellen können.«

Nach einer kurzen und kühlen Nachtruhe – man misst +3 °C – wird die Höhle weiter erforscht. Nach 2½ Tagen Höhlenfahrt sind bereits 4000 Meter bekannt, das ist eine enorme Ganglänge! Vier Jahre später wurde der heute übliche Osteingang entdeckt, seit den 20er-Jahren wird die Mammuthöhle von Touristen besucht. Die beeindruckendsten Abschnitte des erschlossenen Teils dürften die Paläotraun, ein fast kreisrunder Höhlengang von zehn bis fünfzehn Meter Durchmesser, und die riesige Halle des Mitternachtsdoms sein, beide nahe am Osteingang.

Die längste Höhle des Dachsteins – und zugleich die längste Höhle Österreichs – ist die Hirlatzhöhle. Sie wurde 1949 von Karl Pilz entdeckt und erstbegangen. Einen wahren Sprung in der Erforschung machten die Höhlenforscher ab 1983, bis dahin waren lediglich acht Kilometer Ganglänge bekannt. Dann entdeckte man die oberen Etagen des Höhlensystems. Seither wird sie intensiv erforscht und so findet und vermisst man Jahr für Jahr neue Teilbereiche. Knapp 93 Kilometer Ganglänge sind momentan vermessen. Im unwegsamen Gelände ist man so teils wochenlang unterwegs, um in die tagfernsten Teilgebiete vorzudringen.

Wege des Wassers

Das Wasser, das am Dachstein unterirdisch abfließt und 60 Kilometer Mammuthöhle und 93 Kilometer Hirlatzhöhle bilden konnte, stammt aus abertausend Klüften und Spalten. Im Inneren des Gebirgsstocks vereinigt es sich zu einigen wenigen großen Wasserläufen. Noch löchriger als einen Schweizer Käse mag man sich den Dachstein vorstellen. Was im Berginneren in hohem Maße vorhanden ist, fehlt andererseits an der Oberfläche. Wassermangel ist ein Problem, von dem viele Almen betroffen sind. Die meisten Almweiden wurden mittlerweile aufgegeben, auch wenn das nicht nur an der schlechten Versorgung mit Wasser liegt, sondern auch wirtschaftliche Gründe hat. Der Karst hält noch ein anderes Problem bereit. Große Flächen weisen nur den nackten Fels auf. Durch die Klüfte versickert das Nass im Gestein und wird durch Höhlensysteme einer der Karstquellen zugeführt. An anderen Stellen wird Regen- und Schmelzwasser durch eine meist dünne Bodenschicht gefiltert, um dann den Weg durch das Berginnere anzutreten. In beiden Fällen ist die Filterwirkung sehr gering. Solange am Dachstein intakte Natur existierte, lieferten die Karstquellen beste Wasserqualität. Jede Verunreinigung, die wir uns auf den Gletschern, an den Almen und Schutzhütten oder an irgendeinem anderen Ort am Dachstein zuschulden kommen lassen, landet aber unweigerlich im Wassersystem. Entsprechend der nach Norden geneigten Fläche des Dachsteins liegt hier auch die hauptsächliche Entwässerungsrichtung. Nur kleine Flächen entwässern nach Süden Richtung Filzmoos und Ramsau oder nach Westen Richtung Lammertal. Der größte Teil des Wassers fließt in die Gosau und den Hallstätter See, teils über die Koppentraun. Allein zwischen Koppenbrüllerhöhle und Echerntal entspringt eine ganze Reihe großer Karstquellen. Einige sind nicht ständig aktiv: Etwa die Koppenwinkellacke, der düstere Felsschlund »Kessel« unterhalb der Hirschaualm oder der Hirschbrunn, ein wenig westlich.

Aktive Karstquellen sind der Bach der Koppenbrüllerhöhle, die Koppenbrüllerquellen, die Miesbachquelle, die Dürrnbachquellen und der Waldbachursprung. Letzterer ist die bei weitem eindrucksvollste und stärkste Karstquelle am Dachstein. Während der Spitzenzeiten beträgt die Schüttung 12 m³/s, dann würden die Wassermassen reichen um ein großes Olympiaschwimmbecken in gut fünf Minuten aufzufüllen! Die Hauptwassermasse tritt aus einer unscheinbaren Felshöhlung aus, versteckt im lichten Wald. Aber bereits nach wenigen Metern über moosbedeckte Felsblöcke sprudelt der mächtige Bach geräuschvoll in die Tiefe. Im Echerntal nimmt er den Dürrnbach auf und mündet bei Lahn in den Hallstätter See.

Die sehr variable Wasserspende (zwischen 20 und 12.000 Liter pro Sekunde) führte Simony auf den Zusammenhang mit der Schneeschmelze zurück. Im Sommer führt der Waldbach das meiste Wasser, stellte er fest. Außerdem sprachen die niedrigen Temperaturen von 3,6 – 4,5 °C für Schmelzwasser. In den Vormittagsstunden maß Simony den Niedrigstand. Während die Quelle ab Mittag anstieg und am frühen Abend das Maximum zeigte. Rechnete man den zeitlichen Versatz durch die Fließstrecke ein, so sprachen tatsächlich alle Hinweise für diesen Zusammenhang. Inzwischen weiß man, dass der Waldbach knapp zwei Drittel seiner Wassermenge aus älteren Wässern bezieht, die ca. drei Jahre im Boden bzw. im Gestein gespeichert waren.

Ein gutes Drittel verweilt nur sehr kurz im Untergrund. Das Einzugsgebiet reicht von der Simonyhütte, von der das Wasser 6½ Tage bis zum Waldbachursprung braucht, über den Gjaidsteinsattel (3½ Tage), die Dachstein-Südwandhöhle (auch 3½ Tage), den Schneeloch- und den Gosaugletscher (1½ Tage), bis zum Hinteren Gosausee (1 bis 2 Tage). Vor allem die Verbindung zwischen Waldbachursprung und Gosausee ist besonders interessant: Bei niedrigem Seewasserstand fließt Wasser vom Hinteren Gosausee unterirdisch zum Waldbach, obwohl diese etwa sechs Kilometer Luftlinie von einander entfernt liegen und die Höhendifferenz nur 200 Meter beträgt. Dann gibt es aber auch Phasen, in denen ein und dieselbe Kluft nicht Abfluss, sondern Quelle ist und den Hinteren Gosausee mit Schmelzwasser von den Gletschern speist. Manchmal nimmt das Wasser im Karst eben sehr eigene Wege!

Für den Klausbrunn, aus dem Hallstatt sein Trinkwasser bezieht, gelten dieselben Einzugsgebiete und fast exakt dieselben Verweilzeiten wie für den Waldbachursprung. Wenn man nun bedenkt, dass sich in diesem Einzugsgebiet beispielsweise die Hunerkogelbahn befindet, die allein jährlich bis zu 170.000 Gäste transportiert, dass im Einzugsgebiet die Adamekhütte und die Simonyhütte stehen, ebenso die Liftanlagen am Gjaidsteinsattel und dass in den Gebirgslagen des Dachsteins zur Versorgung der Hütten und der Liftanlagen schon in den 80er-Jahren über 400.000 Liter Heizöl und Benzin lagerten, dann wird verständlich, dass man im Tal die Sauberkeit der Trinkwasservorkommen mit großer Wachsamkeit beobachtet. Selbstverständlich können Verunreinigungen nicht nur durch den Tourismus entstehen, sondern auch durch Almnutzung, hohes Wildaufkommen und generelle Luftschadstoffe. Auch wird das Trinkwasser natürlich genau untersucht, so dass niemand Bedenken haben muss, verunreinigtes Wasser zu trinken.

Die Wasserwege im Karst sind verschlungen und manchmal spannend wie ein Krimi. Auch für den Nachweis der Abflusswege müssen die Forscher wie Kriminalisten arbeiten: Schon in den 50er-Jahren unternahm man am Dachstein Versuche mit Bärlappsporen, die etwa in den Hinteren Gosausee eingespeist wurden, und wies so die Verbindung zu Vorderem Gosausee, Waldbachursprung, Brambach in Hintertal und zum Kessel am Hallstätter See nach. Manche der unterirdischen Abflussrichtungen fand man später bestätigt, manche musste man auch revidieren, da bei der Handhabung mit den stark an Kleidung haftenden Pollen Messfehler aufgetreten waren.

In den 80er- und 90er-Jahren verwendete man daher Fluoreszenzfarbstoffe, die als Tracer, also als Nachweis, dienten. Durch die Einspeisung an insgesamt 19 Stellen und Messung an weit über hundert Quellaustritten konnten die bereits genannten Verbindungen erforscht werden. Außerdem ließen sich Mindestzeiten zwischen Einspeisung und Austritt an den Quellen überprüfen und die mengenmäßige Verteilung zwischen unterschiedlichen Einzugsgebieten und Quellen hochrechnen.

So erhofft man sich nicht nur neue Erkenntnisse über Karsthydrografie, sondern auch konkrete Daten zum Schutz des Trinkwassers.

Bei Hochwasser erfüllt der Waldbach das ganze Echerntal mit Gischt.

Die Attraktionen in der Gebirgsregion und den Tallandschaften ergänzen sich am Dachstein. Seilbrücke am Koppenkarstein.

Zwischen Heimatraum und Ferienregion

»Hallstatt ist der schönste Seeort der Welt.«
Alexander von Humboldt

In den Hauptreisezeiten kommen an manchen Tagen bis zu 4.000 Tagesgäste auf die 900 Einwohner Hallstatts und auf jeden Ramsauer ebenso viele Übernachtungsgäste. Ob man die Nordseite oder die Südseite des Dachsteins betrachtet, macht dann kaum einen Unterschied: Die Talregionen Gosau – Hallstatt – Obertraun – Bad Aussee – Bad Mitterndorf und Ramsau – Filzmoos sind alteingesessene, wohlbekannte Ferienräume. Die meiste Zeit des Jahres ist der Dachstein fest in der Hand der Fremden. Das war aber nicht immer so.

Perle des Salzkammerguts

Ab dem 19. Jahrhundert entwickelte sich auf der Nordseite des Dachsteins der Fremdenverkehr. Das Salzkammergut stand durch die Salzgewinnung jahrhundertelang als eine der profitabelsten Gegenden direkt unter der Oberaufsicht der Finanzbehörde. Es wurde gehütet wie ein Augapfel und durfte ohne Genehmigung nicht betreten werden. Ab dem 19. Jahrhundert aber kam es zur Öffnung und seitdem gilt es als bevorzugtes Reiseziel. Kaiser Franz Joseph I. prägte durch seine Sommeraufenthalte in Bad Ischl das Bild des Salzkammerguts. Von 1854 bis 1914 verbrachte er hier seine Sommerfrische. Mit ihm kam die Prominenz, mit ihm kamen die Künstler und schließlich folgten die Touristenströme. Denn was für den Kaiser recht war, konnte für die Adeligen und Bürgerlichen nur billig sein. Die meisten machten in Bad Ischl nicht Halt, sondern entdeckten auch die Nordseite des Dachsteins für sich.

Vor allem waren sie von der Natur angezogen. Der fast fjordähnliche Hallstätter See war eine der Hauptattraktionen, von dort begab man sich zum Rudolfsturm und ins Echerntal. Entsetzt zeigten sich viele der Besucher von den ärmlichen Verhältnissen der Einwohner. Schon Johann Eduard Mader berichtet 1809 vom »empörendsten Schauspiel menschlichen Elends«, von einem »Heere bleicher, hohlwangiger, leichenähnlicher Menschen«, ausgezehrt durch die Arbeit im Bergwerk und im Sudhaus. Noch Friedrich Simony beklagt die beengten Verhältnisse, spricht von sechs- bis achtköpfigen Familien in nicht einmal zehn Quadratmeter großen Räumen. Die Kinder bedauert er am meisten, denn sie waren in den teils fensterlosen Unterkünften bis zur Heimkehr der Eltern eingesperrt.

Fronleichnam in Hallstatt wird von Jung und Alt gefeiert.

Hallstatt und Obertraun sind damals nur mit dem Boot erreichbar oder über einen schmalen Fußweg, seit 1862 auch per Schiff. Ab 1876 beginnt man die Bahnlinie am Ostufer des Hallstätter Sees entlang zu bauen. Nun können die Gäste bis auf Höhe Hallstatts mit dem Zug fahren. Von dort steigt man ins Schiff und gelangt in sieben Minuten nach Hallstatt, wie Radio-Radiis in seinem Dachsteinführer von 1906 betont. Die Bahnverbindung macht es möglich, das Dachsteingebiet als »Sonntagsalpenfahrt« von Wien oder Graz aus aufzusuchen.

Trotz der im Vergleich zu heute mühsamen Anreise ist Hallstatt damals bereits von Touristen besucht und mit entsprechender »Infrastruktur« ausgestattet. Kaiser Franz Joseph schreibt 1865 an seine Mutter Erzherzogin Sophie:

»...vorgestern habe ich allein mit Sisi beim herrlichsten Wetter eine sehr hübsche Partie gemacht. Wir sind um 10 Uhr zum Steg gefahren und von dort zu Fuß auf der Solenleitung auf den Rudolfsturm und dann nach Hallstatt gegangen, wo wir schon um 1 Uhr waren und um 2 Uhr auf dem Balkon des Wirtshauses speisten. Nach Tisch sind wir zum Waldbachstrub gegangen. Das Tal war herrlich beleuchtet und vom frischesten Grün; nur durch eine Menge Trotteln, wie immer, und durch eine neue, in dieser schönen Gegend höchst unpassende Zivilisation verunstaltet. Es sind nämlich am ganzen Weg eine Menge Butiken ... mit Schnitzereien und Steinen aufgestellt und sogar ein Kaffeehaus ist entstanden, so daß ich schon erwartete, man müsse wie in der Schweiz beim Wasserfall Entree zahlen. Allein das ist denn doch noch nicht der Fall.«

Die Wanderung entlang der Soleleitung ist heutzutage als thematischer Weg ausgeschildert, dauert zwei Stunden und erklärt den Salztransport. Auch sind die kaiserlichen Bedenken über Touristennepp am Waldbach nach wie vor unbegründet: Die Besichtigung der knapp hundert Meter hohen Wasserfallstufen am Waldbachstrub ist auch im 21. Jahrhundert ohne Eintrittspreis möglich und empfehlenswert.

Der wachsende Tourismus lässt nicht nur Gastronomie und Pensionen entstehen, er schafft auch Arbeitsplätze für Träger, die die Gäste, die nicht selbst gehen können oder wollen, in Sesseln an ihren Wunschort bringen. Sie werden zunehmend von Bergführern abgelöst, für die schon bald Tarife eingeführt werden, je nach Entfernung, Dauer und Schwierigkeit der Tour.

Die Gosau ist zu dieser Zeit noch schlechter erreichbar, obwohl sie mit den Gosauseen und der Zwieselalm ebenfalls von Anfang an im Interesse der Besucher steht. In erster Linie »Langzeiturlauber« finden sich hier ein. Mit der Zunahme der Privat-Pkws wuchs auch hier der Fremdenverkehr.

Heute weisen Hallstatt und die Gosau Sommer- wie Wintertourismus auf. Das Potenzial

Alte Ahornbestände im Ramsauer Hochtal – eindrucksvoll nicht nur im Frühling.

liegt in einem Mix aus kulturellen Angeboten und Natureindrücken, aus Brauchtum und sportlichen Möglichkeiten. Hallstatt betont natürlich die lange Tradition des Salzabbaus, wirbt mit dem ältesten Salzbergwerk und der ältesten Pipeline – der Soleleitung nach Ebensee, mit deren Bau schon 1595 begonnen wurde. Das Prähistorische Museum, das Heimatmuseum und das Salzbergwerk bereiten dieses Thema auf. Highlights, die Jahr für Jahr eine sehr große Gästezahl auf die Dachstein-Nordseite bringen, sind die Faschingsfeierlichkeiten in Bad Aussee mit den äußerst bekannten, vom Venediger Karneval inspirierten Flinserl-Kostümen und dem ebenfalls in Aussee stattfindenden Narzissenfest. Wie Renate Just in ihrem Kulturreiseführer zeigt, kann man zu letzterem geteilter Meinung sein: »Da herrscht erheblicher Ehrgeiz, die größte Biene Maja, »Poppagäis«, Marienkäferl, Walzerpaare oder Diddl-Mäuse aus Blumen (Narzissen) zu formen, was eher den Frauen überlassen bleibt, während die Männer die komplizierte Schaltkreis-Mechanik ersinnen, mit denen die Diddl-Maus dann beim Korso mit der Zunge klappert.«

Unbestritten stimmungsvoll ist dagegen die Fronleichnamsprozession in Hallstatt. Nach Gottesdienst und Umzug in der Stadt findet die eigentliche Prozession am See statt. Hunderte von geschmückten Booten sind dann unterwegs und begleiten den feierlichen Zug. Ansonsten sind während der Sommermonate neben den vielfältigen Wanderungen, Mountainbiketouren und Bergtouren, die von der Nordseite unternommen werden können, vor allem die Schauhöhlen zu nennen. Rieseneis- und Mammuthöhle auf der Nordseite des Krippensteins werden jährlich von etwa 140.000 Besuchern besichtigt. Die Eingänge zu den erschlossenen Teilbereichen liegen auf ca. 1400 Metern Höhe. Diese werden von den meisten Besuchern mit der ersten Sektion der Krippensteinbahn zurückgelegt. Die Seilbahn besteht derzeit aus drei Sektionen und erschließt auch im Winter ein Skigebiet, das einen Teil der Dachstein-Nordseite abdeckt. Von der Gosauseite hat sich die touristische Erschließung auf das Gebiet Zwieselalm konzentriert: Im Winter bekannt als Skigebiet Dachstein-West und im Sommer vor allem durch die Zwieselalmbahn und die Hornspitzbahn. Die Erschließung geht nach wie vor weiter. Vor allem das jüngere Publikum soll wohl angelockt werden, mit »Events« wie Paraskirennen, bestehend aus Riesenslalom und Fallschirmspringen, oder einem winterlichen »Mountainbike-Downhill-Sprint« über die Piste oder etwa dem »Red Bull White Rush«, einem Freeski-Wettbewerb von internationaler Beteiligung.

Zuweilen schießen die Verantwortlichen dabei auch über das Ziel hinaus, etwa wenn beim Bau eines neuen Klettersteiges das »Nein« des Grundeigentümers ignoriert wird...

Mountainbikestrecken, Klettersteige und thematische Wanderwege standen bei den Neuerungen für die Sommergäste in den letzten Jahren im Vordergrund. So entstanden der bereits erwähnte Klettersteig auf den Donnerkogel oder im Jahr 1998 der »schwierigste Klettersteig Österreichs« an der Seewand südlich des Hallstätter Sees. Ein mehr oder weniger freundschaftlicher Wettbewerb zwischen den Talorten im Norden und Süden des Dachsteins kann zumindest beim Bau der Klettersteige nicht übersehen werden.

Wenn die Kinder ihre Gedichte aufgesagt haben und laut genug nach den »Nuuuss« gerufen haben, greifen die Flinserl in ihre Taschen.

Die farbenprächtigen Flinserl-Kostüme sollen schon vor langer Zeit vom Karneval in Venedig abgeleitet worden sein.

Senkrechtstart der Südseite

War der Norden schon im 19. Jahrhundert im Blickwinkel der Touristen, so setzt in der Ramsau und in Filzmoos die Verlagerung zum Fremdenverkehr erst im 20. Jahrhundert wirklich ein. Ein wesentliches Hindernis lag vorher in der Verkehrsanbindung, die eine Reise auf die Dachstein-Südseite zu einem sehr umständlichen Unternehmen machte. Als im Jahr 1875 die Bahnlinie durch das Ennstal fertiggestellt wurde, gab es mit dem Bahnhof Schladming einen günstigen »Einbruchsort«, wie man es damals formulierte. Über einen Karrenweg gelangte man von dort in die Ramsau, während die Anreise nach Filzmoos noch wesentlich längere Zeit in Anspruch nahm. Auch die Übernachtungsmöglichkeiten hielten sich in Grenzen. Es existierten nur einige wenige Häuser, die überhaupt Nachtquartiere anboten. Eignung für den Fremdenverkehr gestand der erste Dachsteinführer von Georg Geyer 1886 der Südseite aber sehr wohl zu: »Die Ramsau würde sich ..., wie wenige Punkte, als klimatischer Höhencurort eignen ... wenn einmal der Anfang gemacht würde durch Verbesserung der Verkehrs- und Unterkunftsverhältnisse...«

Ein erster Schritt dahin erfolgte durch den Ausbau der Straße von Schladming in die Ramsau, der 1910 abgeschlossen war. An die heutigen Straßenverhältnisse darf man jedoch nicht denken. So war noch in den 20er-Jahren für private Pkws eine Art Blockabfertigung festgelegt: Bergfahrten waren von 9 bis 10 Uhr erlaubt, Talfahrten zwischen 17:30 und 18:30 Uhr. Sollte ein Landwirt mit einem Fuhrwerk entgegenkommen, musste man stehen bleiben und den Motor abschalten! Bis Mitte der 30er-Jahre hatten die jährlichen Übernachtungszahlen in der Ramsau die 100.000er-Grenze bereits überstiegen. Im Gegensatz zu heute war die Dachstein-Südseite damals noch fast ausschließlich auf Sommertourismus ausgerichtet.

In diesem Rahmen wurde zu Beginn der 60er-Jahre die Dachsteinstraße errichtet, die von der westlichen Ramsau bis auf die Höhe der Türlwandhütte auf 1695 Meter führt. Sie bildete auch die Voraussetzung für den Bau der Hunerkogelbahn, die 1969 eröffnet wurde. Schon in den 20er-Jahren hatte es Pläne für eine Seilbahn gegeben. Am Widerstand von Heimat-, Naturschutz- und Alpenverein sowie an der finanziellen Machbarkeit war das Projekt damals aber gescheitert.

Aus touristischer Sicht sind die Dachsteinstraße und die Hunerkogelbahn auch heute die beliebtesten Ausflugsziele. Für die Sommergäste ist zudem vor allem das Nebeneinander von Landwirtschaft und Tourismus attraktiv, im Winter setzt man zwar auch auf den alpinen Skilauf – Filzmoos und die Ramsau haben entsprechende Lifte –, noch renommierter ist

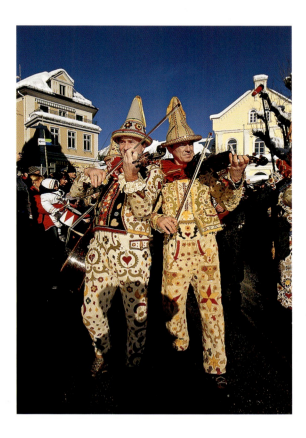

Goldhauben sind wichtiger Bestandteil der Tracht zu Füßen des Dachsteins.

Hunderte von Booten begleiten die traditionsreiche Fronleichnamsprozession über den Hallstätter See.

aber das Image als Langlaufzentrum. Immerhin kann die Ramsau hier darauf verweisen, dass man 1999 Ausrichter der Nordischen Skiweltmeisterschaft war.

Die Südseite lebt von den Bergen. Je nach Wetter präsentieren sich die Südwände als freundliche, großartige Kulisse oder auch als furchterregende dunkle Felsmauer.

Die einen wandern auf dem dichten Wegenetz von Hütte zu Hütte, die anderen klettern auf einem der klassischen Anstiege zum Gipfel. Seit 1999 gibt es für Klettersteiggeher den »Johann« durch die östliche Dachstein-Südwand, der als Tagestour machbar ist und entsprechend Zulauf hat. Für viele ist natürlich die Hunerkogelbahn die Eintrittskarte für einen Ausflug ins Hochgebirge. In den Gondeln sammelt sich mitunter ein sehr gemischtes Publikum: Ausflügler in Sandalen oder Lackschühchen, die von der Terrasse der Bergstation oder dem 2005 eingeweihten »Skywalk« einen Blick auf die umliegende Bergwelt werfen, Langläufer auf dem Weg zum Höhentraining auf der Gletscherloipe, Snowboardfahrer, die auch in der warmen Jahreszeit nicht pausieren wollen, Klettersteiggeher auf dem Weg zum Gjaidstein, zum Ramsauer Klettersteig oder dem neuen »Irg« am Koppenkarstein, Kletterer der alpinen Ausrichtung oder auch Sportkletterer und schließlich die Wanderer, die hinübergehen zur Seethalerhütte.

Ausverkauf oder Käseglocke – Der Dachstein im 21. Jahrhundert

Wohin geht die Entwicklung? Erkennbar ist ein Wandel im Freizeitverhalten: Immer mehr Menschen sind für kürzere Zeitabschnitte an einem gut erschlossenen und möglichst vielseitigen Sport- oder Freizeitgebiet interessiert. Das wird die Besucherströme noch mehr als bisher auf einige wenige, leicht zugängliche Räume konzentrieren. Während klassische Kletterrouten wie der Windlegergrat (eine acht- bis neunstündige Kletterei mit 2000 Klettermetern und kaum Absicherung) oder die Manndlkante (drei Stunden Zustieg für zehn Seillängen in nicht immer festem Fels) vor Jahrzehnten noch als lohnende Abenteuer galten, spricht man heute von den kurzen Zustiegen, von festem Fels, von perfekter Absicherung – kurz vom Plaisirklettern. Ähnlich ist die Situation bei den Klettersteigen: Kurz und einfach erreichbar sollen sie sein, mit durchgehender Absicherung bei maximalen Schwierigkeiten. Während man am »Johann« oder am Donnerkogel also hauptsächlich die »Wadel« des Vordermannes oder der Vorgängerin vor Augen hat, ist man auf dem versicherten, herkömmlichen Ramsauer Klettersteig vergleichsweise einsam unterwegs.

Die Gemeinden können oder müssen reagieren. Im Extremfall entscheidet man sich für das schnelle Geld und versucht jeden neuen Trend mitzumachen oder vorwegzunehmen. Ein weiterer Ausbau wäre dann die logische Konsequenz. Über die Verbindung zwischen Krippensteinbahn und Hunerkogelbahn wurde bereits vor Jahrzehnten nachgedacht – das Montblancgebiet gab mit der Seilbahnverbin-

dung über das Vallée Blanche die Idee. Längst zieht die Pistenraupe im Winter eine breite Spur über den Hallstätter Gletscher, um die Abfahrt vom Hunerkogel hinab nach Hallstatt oder Obertraun auch für die Skifahrer zu ermöglichen, deren Können für unpräpariertes Gelände nicht reicht. Ob Skifahrer, Wanderer oder Kletterer – wer die richtigen Personen anspricht, wird kein Problem haben, per Motorschlitten an den Wunschort gebracht zu werden, wie exotisch dieser auch sein mag. Und auch die Skiabfahrt durch eine »echte Karsthöhle« gehört schon beinah zum Standardprogramm am Krippenstein.

Dem entgegen stehen warnende Stimmen der Menschen vor Ort genauso wie von überregionalen und sogar internationalen Gremien. Dass es sich beim Dachsteingebiet um eine schützenswerte Landschaft handelt, steht außer Zweifel. Sehr wichtig war dennoch die Aufnahme der »Kulturlandschaft Hallstatt – Dachstein/Salzkammergut« ins Weltkulturerbe. Die UNESCO hat bis 2005 insgesamt 788 Denkmäler auf der ganzen Welt in die Liste des Welterbes aufgenommen. 1997 bekam der Raum Hallstatt – Dachstein als erste alpine Landschaft diese Auszeichnung, ein paar Jahre später gefolgt vom Gebiet Jungfrau – Aletschgletscher – Bietschhorn als zweite Alpenlandschaft. Die UNESCO spricht eindeutig vom Miteinander von Kultur und Natur und zeigt auf, welche Bedeutung der Dachsteinregion in beiden Aspekten zukommt.

Die Aufnahme ins Welterbe ist eine Auszeichnung, aber auch eine Aufforderung. Eine Käseglocke wird man nicht vom Hallstätter See bis ins Ennstal stülpen können und wollen. Aber die Verpflichtung zum verantwortungsvollen Umgang mit dem Dachstein werden Anwohner und Gäste gleichermaßen annehmen müssen.

Sobald der Schnee geschmolzen ist, erblühen die Schneerosen wie leuchtende Sterne.

Naturraum Dachstein – Flora und Fauna

Überaus vielfältig ist die Flora im Dachsteingebiet. Je nach Jahreszeit, Höhenstufe und Exposition der Hänge gedeihen andere Pflanzen. Zudem spielen Bodenzusammensetzung und Wasserangebot eine wichtige Rolle. Mitte der 90er-Jahre zählte man bei einem internationalen Botanikertreffen gar über 1300 höhere Pflanzen am Dachstein. Man muss aber keinesfalls Botaniker sein, um die reichhaltige Pflanzenwelt zu schätzen. Das Meer an wilden Narzissen, das sich im Frühjahr in den Tallandschaften nördlich des Dachsteins im Wind wiegt, ist für jedermann sehenswert. Wer in dieser Jahreszeit höher hinaufsteigt, wird sich an den prächtigen Schneerosen kaum satt sehen können. Später erfreut die große Vielfalt unterschiedlicher Orchideen im Almgelände und in den Hochlagen die Wanderer. Im Hochgebirge wird man an vielen Stellen Almrausch und Enzian finden, das Edelweiß ist leider selten geworden, nur vereinzelt existiert es noch. Raritäten wie die Dunkle Glockenblume, die Dolomitnelke oder die Clusiusprimel werden vor allem Fachleute begeistern.

Selbst dort, wo man ausgesprochen lebensfeindliche Umweltbedingungen vorfindet, grünt und blüht es. In den Hochlagen findet man immer wieder Überlebenskünstler, seien es die pinkfarbenen Polster des Stengellosen Leimkrauts oder das zarte lila-gelbe Alpenleinkraut – zwei ganz unterschiedliche Pflanzen trotz des ähnlichen Namens. Lohnend sind unter diesem Gesichtspunkt auch jene Wege, die über die nackten Karstflächen führen. In den Dolinen und Felsklüften herrscht ein besonderes Lokalklima mit entsprechend anderer Vegetation vor.

Wer den Blumen am Wegrand wenig abgewinnen kann, dem sei der Herbst empfohlen, wenn die reichen Laubwaldbestände sich verfärben. Speziell die Ramsau auf der Südseite gilt als »Ahorndorf«. Sehenswert ist dann aber auch der Lärchenwald beim Rinderfeld. Besonders beglückend ist es, wenn man einen der seltenen Alpenbewohner zu Gesicht bekommt: Steinbock, Gams, Schneehase, Birk- und Auerhahn. Da sie scheu sind, lohnt es sich auf leisen Sohlen unterwegs zu sein. Mit etwas Glück wird man zwischen Grimming und Gosaukamm Erfolg haben. Erstaunlich häufig kommen dagegen Kreuzottern vor, teils in tiefschwarzer Farbe, teils kupferfarben.

Für Jung und Alt interessant ist ein Besuch bei den handzahmen Murmeltieren auf der Dachstein-Südseite. Rund um die Bachalm kann man hier Flora und Fauna gleichermaßen bestaunen.

In den Mooren am Ödensee gedeiht der fleischfressende Sonnentau.

Die Frühlingsknotenblume bildet in der Gosau entlang der Bäche dichte Blütenteppiche.

Kräftige Enzianrispen findet man am Dachstein häufig. Sie künden den nahen Herbst an.

In zartem Gelb und kräftigem Rot lenkt die Orchideenart des Frauenschuhs die Aufmerksamkeit auf sich.

So eindrucksvolle Blütenmeere wie die der wilden Narzissen suchen ihresgleichen – ein Genuss für Auge und Nase.

Drei frische Fliegenpilze stehen Seite an Seite.

Als »Gamsbleamerl« sind die geschützten Aurikel bekannt, sie lieben das steile Schrofengelände.

Gämsen gibt es im gesamten Dachsteingebiet, sie sind jedoch scheu.

Zahm, ja sogar recht frech ist die Murmeltierkolonie an der Bachlalm auf der Dachstein-Südseite.

Im blumenreichen Almgelände fühlen sich viele Schmetterlinge wohl, auch der Distelfalter.

Dieser junge Steinbock lebt zu Füßen der Kopfwand im Gosaukamm.

Eine der faszinierendsten Pionierpflanzen ist das Stengellose Leimkraut.

Die Schönheit liegt im Detail: Tautropfen am Blatt eines Frauenmantels.

Moose und Pilze sehen erst an einem Regentag schön aus.

Wie feine silberne Perlen hängt der Tau am Netz der Kreuzspinne.

Ein besonders großer Almrauschbusch am Rinderfeld.

Skitouren im Gosaukamm enden oft in einer wild-fantastischen Felsszenerie. Blick auf Donnerkogel (links), das Weitschartenkar und tief im Tal die Gosau.

Unterwegs im Dachsteingebiet

»Die Austriahütte bietet die Möglichkeit zu vielen mühelosen Excursionen auf den Almböden am Fusse der grossen Dachsteinmauer. Letztere zählen zu den lohnendsten Partien, welche es in den Ost-Alpen gibt, da sie selbst ganz schwachen Bergsteigern die überwältigende Grösse des Hochgebirges ganz nahe vor Augen führen.«
Georg Geyer im Dachsteinführer von 1886

❖

So vielfältig das Gebiet in seiner Erscheinungsform ist, so vielfältig sind auch die Tourenmöglichkeiten. Die großzügigsten Unternehmungen sind im zentralen Dachsteinstock möglich. Hier stehen die höchsten Gipfel, hier existieren die imposantesten Wandfluchten, hier verleihen die Gletscher der Landschaft ein hochalpines Gepräge. Kleinräumiger gestaltet sich der nach Westen vorgelagerte Gosaukamm. Dort dominieren Felszacken, steile Rinnen und enge Kare, sie geben dem Gosaukamm ein dolomitenähnliches Erscheinungsbild. Eine Sonderstellung nehmen das Karstplateau im Nordosten des Gebiets ein, das durch seine Einsamkeit und Unwegsamkeit eine ganz besondere Atmosphäre schafft, und der Grimming im äußersten Osten. Obwohl nur 2351 Meter hoch strahlt er durch seine massige Gestalt und die durchweg schwierigen Anstiege einen gewissen Ernst aus.

Eine knappe Auswahl soll einige klassische Bergtouren und einfachere Klettereien vorstellen. Dem rasch wachsenden Angebot an Klettersteigen wird mit fünf Vorschlägen Rechnung getragen. Schließlich folgen einige Wandermöglichkeiten. Das Angebot ist hier sehr reichhaltig, weite Teile des Gebiets sind mit Wegen und Hütten erschlossen. Es gibt allein acht Alpenvereinshütten, eine Biwakschachtel, unzählige private Unterkunftshäuser und Almen. Den Abschluss bilden exemplarisch zwei Skitouren. Auch hier hat der Dachstein eine unglaubliche Fülle zu bieten: Im Skitourenführer der Brüder Rabeder sind über 800 Touren verzeichnet – wahrlich ein weites Feld! Die Führerliteratur kann und soll damit nicht ersetzt werden. Wer im Dachsteingebiet unterwegs sein möchte, greift für die klassischen Touren am besten auf das Standardwerk, den guten alten zweibändigen Gebietsführer »Dachsteingebirge« von Willi End, zurück oder nimmt einen der Spezialführer (siehe Anhang).

Neben den renommierten Gipfeln und den Ausflugszielen wird man im Dachstein auch ruhige Flecken finden, selbst unter den hier genannten Touren.

Die großen Gipfel – Bergtouren und Klettereien

Hoher Dachstein, 2993 m

Zu diesen ruhigen Touren zählt der Dachsteingipfel nicht. Bis auf 300 Höhenmeter unter dem Gipfel kann man sich mit der Hunerkogelbahn herauffahren lassen. Der Weg über den Hallstätter Gletscher bis zur Dachsteinwarte ist fast immer präpariert. Wer den technischen Anforderungen gut gewachsen ist und bei optimalen Verhältnissen aufsteigt, kann den Gipfelanstieg ab hier in einer guten halben Stunde zurücklegen. Trotzdem: Trittsicherheit und Schwindelfreiheit sind nötig, den Verhältnissen angepasste Ausrüstung ist ein Muss. Auch ist Steinschlag durch auf- und absteigende Bergsteiger keine Seltenheit.

Randkluft-Anstieg, 250 Hm, mit Drahtseil und Eisenstiften versicherte Steiganlage, Normalweg
Über die Randkluft verläuft der meist begangene Anstieg. Man wendet sich von der Dachsteinwarte Richtung Nordostflanke und steigt nach Überwindung der Randkluft rechts der Gipfelschlucht auf dem Steig hinauf, bis man in die Schlucht gelangt. Ein landschaftlich schöner und durchgehend ausgesetzter Anstieg.

Schulter-Anstieg, 250 Hm, versicherte Steiganlage, Variante zum Normalweg
Dieser Anstieg wird vor allem dann begangen, wenn die Randkluft wegen der Ausaperung Schwierigkeiten bereitet. Von der Schulter gelangt man über das leicht fallende Mecklenburgband zum Randkluftanstieg, in den der Weg nach dem ersten Steilabsatz einmündet.

Westgrat, 250 Hm, versicherter Steig
Der übliche Gipfelanstieg von der Adamekhütte, wenn man über den Gosaugletscher in die Obere Windlucke ansteigt. Teils über den Grat, teils durch die Flanke gelangt man von Westen auf den Dachsteingipfel.

Südwand, Pichlroute, 700 Hm, -IV
Von Pichl, Gams und Zimmer im Jahre 1901 begangene Route, die als erste durch die imposante Dachstein-Südwand führte. Alpine Kletterei von beachtlicher Länge. Die Führe beginnt im östlichen Wandteil und leitet nicht direkt zum Dachsteingipfel, sondern auf den Ostgrat.

Südwand, Steinerweg, 800 Hm, IV
Die Südwandroute schlechthin. 1909 von Franz und Irg Steiner erstbegangen führt sie über das Dachl und das Steinerband, das als

Der Vergleich mit den Dolomiten liegt nahe: Bischofsmütze, Armkarwand und Niederes Großwandeck mit dem Däumling rechts.

Der Doppelgipfel der Bischofsmütze gibt eine wunderbare Kulisse für die Stuhlalm ab.

eine Schlüsselstelle gilt, in die Gipfelschlucht. Der Ausstieg erfolgt am Gipfel oder alternativ am Westgrat. Eine eindrucksvolle Route durch diese klassische Wand.

Torstein, 2947 m
Dieser markante Gipfel wird bei weitem weniger begangen als der Dachstein. Der Torstein ist der zweithöchste Gipfel der Gruppe. Nicht zufällig wurde er früher als der höchste Berg angesehen, da er eine noch massigere Gestalt aufweist als der Dachstein. Landschaftlich sind die verschiedenen Aufstiege zum Torstein denen am Dachstein mindestens ebenbürtig.
Südostgrat, 300 Hm, II, Normalweg
Von der Unteren Windlucke führt dieser einfachste Aufstieg in leichter Kletterei zum Gipfel. Streckenweise verläuft die Route über Firn bzw. Eis.
Südwestgrat / Windlegergrat, 1050 Hm, IV
Von Walter Pause seinerzeit als der »gewaltigste Klettergrat der Nördlichen Kalkalpen« bezeichnet. Eine der ganz großen alpinen Klettereien mit gut zwei Kilometer Gratlänge. Auch die Landschaftseindrücke stehen dem in nichts nach. Der obere Teil wurde 1879 bereits erstbegangen.

Mitterspitz, 2922 m
Westflanke, 250 Hm, I, Normalweg
Der Mitterspitz steht im Schatten seiner beiden prominenten Nachbarn Dachstein und Torstein. Trotz des mit Schwierigkeit I bewerteten Normalwegs über die Westflanke ist er deutlich seltener begangen als die beiden anderen Gipfel.

Großer Koppenkarstein, 2865 m
Dieser vierthöchste Gipfel der Dachsteingruppe ist an der Militäranlage am Gipfel leicht zu erkennen. Bekannt ist der Berg vor allem bei Kletterern, da er nach Süden und Südosten in mächtigen Felswänden abbricht, deren Erscheinungsbild immer wieder mit gotischer Architektur verglichen wird. An den drei Pfeilern und den dadurch eingeschlossenen Verschneidungen existieren zahlreiche Führen. Seit 2004 führt der Klettersteig »Irg« auf diesen Gipfel.

Große und Kleine Bischofsmütze, 2455 m und 2428 m
Wahrzeichen über Filzmoos und zugleich der höchste und markanteste Gipfel des Gosaukammes ist die Bischofsmütze. Sowohl Große wie Kleine Bischofsmütze gelten als Kletterberge. Die leichtesten Aufstiege, die Südschlucht (II+) auf die Große und die Ostwand (III-) auf die Kleine, erfordern bereits leichte Kletterei. Seit den riesigen Felsstürzen 1993 sind einige Routen an der Südostseite der Großen Mütze weggebrochen.

»Schwierigster Gipfel« im Dachsteingebiet ist der Däumling. Die bekannte Ostkante ist rechts im Profil zu sehen.

Südschlucht, II+
Der häufigste Anstieg hält von Süden kommend auf die tiefe Scharte zwischen Großer und Kleiner Bischofsmütze zu. Dem eigentlichen Schluchtgrund weicht man zunächst rechts, dann links aus. Von der Scharte kann man über Schrofen zum Gipfel aufsteigen. Eine eindrucksvolle Route, die recht häufig begangen und immer wieder unterschätzt wird.

Däumling, 2322 m
Als der schwierigste Berg des Dachsteins kann der Däumling gelten, da der einfachste »Weg« zur Spitze bereits mit IV bewertet wird. Etwa 450 Meter erhebt sich die grazile Säule des Däumlings. Nur auf der Nordseite ist sie ans Niedere Großwandeck angelehnt. Erstbegangen wurde der Däumling von Paul Preuß, wenige Tage bevor er am Manndlkogel verunglückte.

Ostkante, 450 Hm, V+ A1, frei VII-
Die bekannte und schwierige Ostkante erreicht in ausgesetzter Kletterei vom Wandfuß über den Daumenballen und die Kante schließlich den abdrängenden Ringwulst, über den es zum Gipfel geht. Sie stellt den »Klassiker« am Däumling dar.

Nördlicher Manndlkogel, 2251 m
Die vier Gipfel der Manndlkogelgruppe stehen zentral im Gosaukamm. Der Nördliche Manndlkogel ist zwar nicht der höchste, aber unter den Kletterern der begehrteste.

Nordkante, 250 Hm, IV
Eine wunderschöne Linie zeichnet die Nordkante des Nördlichen Manndlkogels. Etwa 1100 Meter über den Gosauseen steigt die

Eindrucksvolle Nähe zur Südwand erlebt man am Johann-Klettersteig.

markant ausgeprägte Kante in den Himmel. Dass der bekannte Kletterer Paul Preuß 1913 hier abstürzte, als er versuchte, die Route im Alleingang erstzubegehen, hat ebenfalls zur Aura der Nordkante beigetragen.

Klettersteige

Ramsauer Klettersteig, mäßig schwierig
Im östlichen Teil des Dachsteins verbindet ein versicherter Steig vier Gipfel: Hohe Gamsfeldspitz, Schmiedstock, Scheichenspitz und Hohe Rams. Dieser Gipfelzug erhebt sich direkt über der Ramsau, entsprechend schön sind die Tiefblicke dort hinab und hinüber in die Schladminger Tauern. Üblicherweise wird dieser Klettersteig von der Bergstation der Hunerkogelbahn aus begangen. Über das Guttenberghaus gelangt man zurück in die Ramsau. Ein nicht allzu schwieriger Klettersteig der traditionellen Art.

Jubiläumsklettersteig am Eselstein, schwierig
Wie eine natürliche Pyramide sieht der Eselstein nahe dem Guttenberghaus aus. Von der Südwestseite führt der Jubiläumsklettersteig zum Gipfel. Neben einfachen Passagen gibt es hier auch sehr steile Abschnitte, bis man am höchsten Punkt anlangt und dort auf den Rasenpolstern die Aussicht genießen kann. Einer der schönsten Steige am Dachstein.

Donnerkogel, schwierig
Vom Östlichen Törlecksattel nahe der Bergstation der Zwieselalmbahn übersteigt man auf dem Klettersteig zunächst den Kleinen, dann den Großen Donnerkogel. Schwierige Felspassagen und rutschige Abschnitte durch Latschen lösen sich immer wieder ab. Schön ist die Aussicht zum Vorderen Gosausee und auch die letzten Meter zum Gipfel, auf denen das Drahtseil über den Nordwestgrat von Paul Preuß führt.

Johann-Klettersteig, sehr schwierig
Im Jahr 1999 wurde ein neuer Anziehungspunkt auf der Dachstein-Südseite geschaffen. Ein kleines bisschen Südwandflair für Klettersteigfreunde. Der »sehr schwierig« eingestufte Johann beginnt etwas östlich der eigentlichen Dachstein-Südwand und endet an der Dachsteinwarte. Sehr schwierig und kräfteraubend ist nur der Einstiegsüberhang, der wohl bewusst abschrecken soll. Im weiteren Verlauf wurde mit vielen Eisenstiften (zu vielen?) der Weg nach oben gebahnt. Ein sportlicher Steig durch eine großartige Landschaft.

Irg-Klettersteig, sehr schwierig
Von der Südwestseite auf den Koppenkarstein führt seit 2004 der »Irg«, benannt nach Georg (»Irg«) Steiner. Der luftige, reizvoll angelegte Klettersteig ist mit kurzem Zustieg von der Hunerkogelbahn erreichbar und kann im Abstieg mit dem Westgratsteig verbunden werden, der durch eine Seilbrücke bereichert wurde.

In der ruhigeren Osthälfte des Dachsteins steht das Guttenberghaus mit dem Hausberg Sinabel.

An klaren Herbsttagen scheint die Hofpürglhütte am Hochkönig zu stehen, in Wirklichkeit trennen sie fast 35 Kilometer.

Lohnende Hüttenwanderungen

Simonyhütte, 2203 m

Als erste Alpenvereinshütte entstand am Dachstein die Simonyhütte. Friedrich Simony selbst hatte den geeigneten Platz 1875 ausgesucht, auf dem Taubenriedel, nur wenig über dem alten Steinbau des »Hotel Simony«, der schon 1843 errichtet wurde. 1877 hat man die Hütte eröffnet. Bis heute hat sie zahlreiche Erweiterungsbauten erfahren und bietet nun über 120 Gästen Platz. Dachstein und Gjaidstein sind die gängigen Gipfelziele von hier. Auch die Klettersteige am Schöberl und am Wildkar werden von den Besuchern häufig begangen. Mit kurzen Wanderungen sind der Obere und der Untere Eissee erreichbar. Als Schlechtwetterprogramm gibt es sogar einen überdachten Klettergarten.

Austriahütte, 1638 m

Ein wichtiger Stützpunkt war lange Zeit die Austriahütte über der Ramsau. Sie befindet sich am Nordhang des Brandriedls und schaut direkt auf die Südwände von Torstein, Mitterspitz und Dachstein. Mit dem Bau durch die Sektion Austria 1880 wurde der Weg aus der Ramsau verkürzt. Etwas ins Abseits ist die Hütte seit der Erschließung mit der Südwandstraße gekommen. Vor einigen Jahren wurde im unteren Geschoss ein kleines Alpinmuseum eröffnet. Sehr empfehlenswert ist die kurze Wanderung von der Dachsteinstraße zur Austriahütte und weiter zum Brandriedl, der schon vom Dichter Peter Rosegger geschätzt wurde als »Betschemel vor dem Altar Dachstein«. Vor allem im Herbst eine schöne Tour, wenn die lichten Lärchenbestände sich verfärben.

Hofpürglhütte, 1705 m

Das größte Alpenvereinshaus im Dachsteingebiet ist die Hofpürglhütte. Über 150 Übernachtungsmöglichkeiten bestehen in dem mächtigen Doppelgebäude mit der Bischofsmütze im Rücken. Platz genug, um auch als Ausbildungszentrum zu fungieren. Der ursprüngliche Bau war 1902 errichtet worden, 1981 wurde das heutige Haus fertiggestellt, das auf einem Absatz thront und einen fantastischen Blick aufweist. Hausberg ist natürlich die Bischofsmütze, die Hofpürglhütte liegt aber auch am Rundweg um den Gosaukamm und bietet sich für alle Unternehmungen im südlichen Gosaustock an.

Adamekhütte, 2196 m

Die Sektion Austria errichtete 1908 nach Simony- und Austriahütte noch ein weiteres Quartier, nun nordwestlich des Dachsteins. Ein wenig unterhalb im Kar diente früher die Grobgesteinhütte als Bergsteigerunterkunft, dann entstand nach der Jahrhundertwende der ehrgeizige Plan, einen Reitweg zu errichten, der höher hinaufführen sollte. Für 13.500 Kronen wurde dieses Projekt von

1902 – 05 realisiert: Eine 13 Kilometer lange Trasse entstand, an ihrem Ende steht die Adamekhütte. Heute ein stattliches Haus mit ca. 130 Übernachtungsmöglichkeiten wird die Adamekhütte vor allem von jenen besucht, die über den Westgrat zum Dachstein aufsteigen wollen und so dem Ansturm von der Hunerkogelbahn entgehen. Höhere Gipfelziele gibt es von der Hütte zwar nicht, bei den schwierigeren ist die Auswahl jedoch fast unbegrenzt.

Guttenberghaus, 2137 m
Die östlichste Alpenvereinshütte am Dachstein ist das Guttenberghaus, das unter Eselstein und Sinabel steht. Beide Gipfel sind vom Haus in kurzen Touren zu erreichen und überblicken die riesige Karstfläche »Auf dem Stein«. Neben zwei Klettersteigen (Eselstein und Ramsauer Klettersteig) gibt es etliche neue Kletterrouten und für die Wanderer einen schönen freien Blick Richtung Tauern.

Theodor-Körner-Hütte, 1466 m
Die Theodor-Körner-Hütte auf der Westseite des Gosaustocks blickt von einer waldreichen Kuppe Richtung Süden, während die Stuhlalm nur wenige Minuten entfernt auf einer großen Almterrasse völlig ungehinderten Rundblick genießt. Beide Hütte liegen am Austriaweg und sind ein guter Ausgangspunkt auf Donnerkogel, Angerstein, Manndlkögel und zahllose weitere Gosaugipfel.

Die Gablonzer Hütte an der Zwieselalm ist von der Bergstation der Gondel leicht erreichbar.

Aussichtsgipfel – Rundwege

Plassen, 1953 m

Als wilde, schrofige Berggestalt steht der Plassen im Norden des Dachsteingebiets. Der übliche Aufstieg von Hallstatt verläuft am Salzberg vorbei über die Nordostseite zum Gipfel und dauert ca. 5 Stunden auf einem teils versicherten Steig. Als Belohnung wartet eine erstklassige Sicht zum Dachstein, dessen vergletscherte Nordabdachung herüberleuchtet. Eine lange, aber sehr lohnende Tour.

Rund um den Gosaukamm: Austriaweg und Steiglweg

Völlig zu Recht wird die Umrundung des Gosaukammes in jedem Führer gepriesen und in jeden Werbeprospekt eingearbeitet. Zwei Tage dauert die Wanderung über Austriaweg und Steiglweg. Der erste Tag verläuft über Gablonzer Hütte / Zwieselalm und Stuhlalm zur Hofpürglhütte. Die hellen Kalkwände von Donnerkogel, Angerstein, Manndlkögel, Großwand und Bischofsmütze ragen hier über den blumenreichen Almmatten auf. Der Weg selbst hat teils Spaziergangcharakter, teils aber auch steinige Passagen, für die Trittsicherheit nötig ist. Abstecher führen in die Gipfelregion oder zu tiefer gelegenen Almen, zum Beispiel zur bewirtschafteten Mahdalm am Loßeck.

Am zweiten Tag verbindet der Steiglweg Hofpürglhütte und Gablonzer Hütte bzw. Gosausee. Er vermittelt einen viel wilderen, alpineren Eindruck. Über den Kessel unter der Bischofsmütze geht der Weg recht luftig hinauf zum Steiglpass, dem höchsten Punkt, und von dort

Seethalerhütte / Dachsteinwarte, 2740 m

Direkt am Ostgrat des Dachsteins duckt sich die Dachsteinwarte in die Felsen. Bis vor die Hüttentür reicht der Gletscher, auf der anderen Seite bricht der Fels ab hinunter in die gewaltigen Schuttfächer unter den Südwänden. Lange Zeit war die Seethalerhütte die lebensrettende Notunterkunft bei Unternehmungen am Dachstein. Nach dem Bau der Hunerkogelbahn ist die Situation entschärft. Eine breite Pistenraupenspur erlaubt einen bequemen Spaziergang von der Bahn zur Hütte, wo man einen wunderbaren Blick in die Südwand hat. Für jene, die die letzte Talfahrt versäumt haben sollten, hat die Dachsteinwarte noch immer ihre ursprüngliche Funktion bewahrt: als Schutzhütte.

Gablonzer Hütte, 1550 m

Einen der reizvollsten Plätze nimmt die Gablonzer Hütte ein, daran kann selbst die übermäßige Erschließung der Zwieselalm nichts ändern. Die breite Kuppe der Zwieselalm liegt dem Gosaukamm nach Norden vorgelagert und schaut sowohl auf die Felszacken der nahen Gipfel wie auch auf die Gosauseen hinab. Nur wenige Schritte sind es von der Bergstation der Zwieselalmbahn zur Hütte, wenn man nicht sogleich zum Donnerkogel-Klettersteig oder zum Austriaweg startet, den beiden häufigsten Unternehmungen der Übernachtungsgäste.

Dachstein-Südwandhütte, 1871 m

Schon die Lage deutet die Qualität dieses privaten Unterkunftshauses an: Die Dachstein-Südwandhütte liegt am »Schönbühel«, einem weitgehend waldfreien Rücken am Fuß der Südwände. Die Südwandhütte hat zudem den Vorzug, dass sie in einer knappen Stunde von der Südwandstraße zu erreichen ist. Während des Zustiegs sieht es tatsächlich lange so aus, als würden Südwand und Südwandhütte zu einem verschmelzen.

Erstaunlich einsam ist der Pernerweg, ein Abschnitt am Übergang von der Südwandhütte zur Hofpürglhütte.

Auch in den Schladminger Tauern blickt der Wanderer immer wieder aufs Dachstein-»Dreigestirn«, hier am sogenannten Spiegelsee.

auch über das Plateau »Auf dem Stein« hinweg. Eine beachtliche Aussicht bei nur 200 Höhenmetern Aufstieg.

Stoderzinken, 2048 m

Weit nach Osten vorgelagert ist der Aussichtsberg Stoderzinken. Im Winter gibt es ein kleines Skigebiet. Im Sommer empfinden viele Besucher die Bergstraße als Vorzug, die von Gröbming bis auf knapp 1800 m heraufkommt. Das kleine Friedenskircherl und die große Aussicht sind die Besonderheiten dieses Gipfels.

Grimming, 2351 m

Der östlichste Gebirgsstock innerhalb der Dachsteingruppe ist der Grimming. Auf früheren Karten wurde er als höchster Berg der Steiermark bezeichnet. Kein Wunder, die Gestalt ist wuchtig und vom Tal bis zum Gipfel sind es 1700 Höhenmeter. Der Grimming ist nicht nur ein hoher Berg, dessen Wege allesamt anspruchsvoll und nur teils versichert sind, sondern er hat auch eine wirklich schöne Gestalt. Nur wenig unterhalb des höchsten Punkts steht in einer windgeschützten Mulde das Dr.-Obersteiner-Biwak. Um den hervorragenden Blick auszukosten, muss man jedoch am Gipfel stehen: Dachstein und Tauern, Ennstal und Gesäuse, Totes Gebirge und Salzkammergut ...

Hoher Sarstein, 1975 m

Der Sarstein östlich des Hallstätter Sees wäre ebenfalls ein Anwärter für den »besten« Aussichtsberg. Vor allem auch deshalb, weil man bei einer Überschreitung dieses Höhenzugs

auf einer Terrasse einige hundert Höhenmeter über den Gosauseen an den Ost- und Nordwänden des Gebirgskamms entlang zur Zwieselalm oder zum Vorderen Gosausee.

Rötelstein, 2246 m

Der beste Aussichtsberg für die Südseite ist der Rötelstein: Bis zum Torstein sind es Luftlinie drei Kilometer, zum Dachstein vier und zur Bischofsmütze auch nur fünf. Kommt man von Westen, kann man über die sehr schöne Sulzenalm zum Sulzenhals aufsteigen oder noch interessanter von Südwesten über den zwar gestuften, doch recht ausgesetzten Westgrat.

Linzerweg

Hofpürglhütte und Adamekhütte werden durch diesen einmalig schönen Steig verbunden. Auf der Hofpürglseite bleibt der Weg in sanftem Almgelände, erreicht dann am Rinderfeld einen ersten Höhepunkt, denn diese Hochfläche unter dem Hochkesselkopf hat ein besonderes Flair. Über den Reißgangsattel gelangt man in kargeres Gelände, bis es auf der Nordseite des Torsteins endlich hochalpin wird. Unter dem Gosaugletscher quert der Steig dann zur Adamekhütte.

Hoher Gjaidstein, 2792 m

Als Felsbastion im ewigen Eis könnte man den Hohen Gjaidstein bezeichnen. Obwohl der Aufstieg über einen einfachen Klettersteig verläuft, erfreut sich der Gjaidstein einiger Beliebtheit. Von der Hunerkogelbahn ist es nur ein kurzer Weg hinab zum Beginn des Südwestgrats. Der Felsrücken des Gjaidstein teilt Hallstätter und Schladminger Gletscher und sieht direkt hinüber zum Hohen und Niederen Dachstein, zum Hohen Kreuz, aber

Goldener Herbst am Rinderfeld. Ein magischer Ort zum Staunen und Träumen.

von Norden nach Süden über lange Zeit scheinbar direkt auf die Gletscherflächen zuläuft. Friedrich Simony schätzte das Panorama vom Sarstein sogar so hoch ein, dass er hier fast zwei Monate verbrachte, um den Dachstein und seine Nachbarn in allen Einzelheiten zu zeichnen.

Thematische Wanderungen

Karstlehrpfad zum Heilbronner Kreuz

Für eine erste Annäherung an das Thema Karst kann der Karstlehrpfad vom Krippenstein zum Heilbronner Kreuz empfohlen werden. Einige bezeichnete Stationen erläutern typische Karstphänomene. Bei guter Sicht und alpiner Erfahrung kann man auch die nahe gelegenen Berge Margschierf und Speikberg besuchen.

Schauhöhlen

Von den über sechshundert Höhlen am Dachstein können nur die erschlossenen Schauhöhlen Mammuthöhle, Rieseneishöhle und im Tal die Koppenbrüllerhöhle besichtigt werden. Diese allerdings lohnen auf jeden Fall einen Besuch. Die anderen Höhlen bleiben Experten vorbehalten.

Auf Simonys Spuren

Wer sich auf Friedrich Simonys Spuren begeben möchte, wird von Hallstatt aus interessante Wanderungen finden, zum Beispiel im Echerntal über den Gletschergarten zum Waldbach-Ursprung, wo die größte Karstquelle entspringt, weiter über die Tiergartenhütte zur Wiesalm und zur Simonyhütte.

Wie alle steilen Kare im Gosaukamm verlangt auch das Armkar sichere Lawinenverhältnisse.

Murmeltiere an der Bachlalm
Sehr zutrauliche Murmeltiere bevölkern das Almgelände rund um die Bachlalm auf der Dachstein-Südseite. Gerade mit Kindern wird man hier einen Nachmittag verbringen können und mit ein wenig Geduld nette Momente erleben.

Skitouren

Hoher Dachstein – Obertraun
Die Skitour, die im zentralen Dachsteingebiet am häufigsten ausgeführt wird, beginnt an der Bergstation der Krippensteinbahn und geht an der Simonyhütte vorbei über den Hallstätter Gletscher bis zur Randkluft und bei guten Verhältnissen über die Steiganlage zum Gipfel. Von der Hunerkogelbahn wird sie – bei Verzicht auf den Gipfel ohne eigene Aufstiegsleistung – auch als Variantenabfahrt durchgeführt. Anspruchsvoller ist der Zwischenaufstieg zur Steinerscharte und die Abfahrt über den Gosaugletscher zum Gosausee.

Manndlscharte, 2090 m
Ganz anderen Charakter haben die Skitouren im Gosaukamm: Weite Kare und enge Rinnen in unzählbarer Menge. Bezüglich der Steilheit werden die Grenzen nur durch das eigene Können gesteckt. Besonders schön ist bei gutem Schnee der Aufstieg zur Manndlscharte zwischen Südlichem Manndlkogel und Schartenmanndl. Wer sich in einer 40° steilen, engen Rinne mit Ski wohlfühlt, wird hier in beeindruckender Szenerie unterwegs sein und über den 40 Meter hohen Felszahn in der Scharte nur staunen können.

Das Angersteinmanndl – bizarre Felsnadel in der Scharte der Angersteinrinne.

Das Karstplateau »Auf dem Stein« liegt noch im Schatten, die Gipfel leuchten schon in der Sonne – gesehen vom Stoderzinken.

Torstein, Mitterspitz und Dachstein, gesehen von den Schladminger Tauern.

Anhang

Fremdenverkehrsämter:
Tourismusverband Inneres Salzkammergut, Hallstatt, Tel.: +43/(0)6134/8208, www.inneres-salzkammergut.at
Tourismusverband Inneres Salzkammergut, Gosau, Tel.: +43/(0)6136/8295; www.gosau.com
Tourismusverband Ramsau, Tel.: +43/(0)3687/81833, www.ramsau.com
Tourismusverband Filzmoos, Tel.: +43/(0)6453/8235, www.filzmoos.at

Wichtige Hütten:
Adamekhütte, 2196 m, Mitte Juni – Mitte September, Tel.: +43/(0)664/5473481
Austriahütte, 1638 m, Ende Mai – Ende Oktober, Tel.: +43/(0)3687/81522
Dachstein-Südwandhütte, 1871 m, Ende Mai – Anfang November, Tel.: +43/(0)3687/81509
Gablonzer Hütte, 1550 m, Pfingsten – Mitte Oktober, Tel.: +43/(0)6136/8465
Guttenberghaus, 2137 m, Anfang Juni – Mitte Oktober, Tel.: +43/(0)3687/22753
Hofpürglhütte, 1705 m, Anfang Juni – Mitte Oktober, Tel.: +43/(0)6453/8304
Seethalerhütte, 2740 m, Anfang Juni – Ende Oktober, Tel.: +43/(0)3687/81036
Simonyhütte, 2203 m, ganzjährig, Tel.: +43/(0)3622/52322
Theodor-Körner-Hütte, 1466 m, Anfang Juni – Mitte Oktober, Tel.: +43/(0)664/9166303

Wetterbericht Ostalpen:
Tel.: 0900/91156682 (in Österreich), www.alpenverein.at

Lawinenlageberichte:
www.lawine.at
Lawinenlagebericht Oberösterreich, Tel.: +43/(0)732/1588,
Lawinenlagebericht Salzburg, Tel.: +43/(0)662/1588,
Lawinenlagebericht Steiermark, Tel.: +43/(0)316/1588,

Bergschulen und Bergführer:
Bergführerbüro Ramsau am Dachstein, 8972 Ramsau, Tel.: +43/(0)3687/81287, www.bergsteigerschule.net
Bergführer Klaus Hoi, 8960 Öblarn, Tel.: +43/(0)3684/2221
Laserer alpin, 4824 Gosau, Tel.: +43/(0)6136/8835 www.laserer-alpin.at

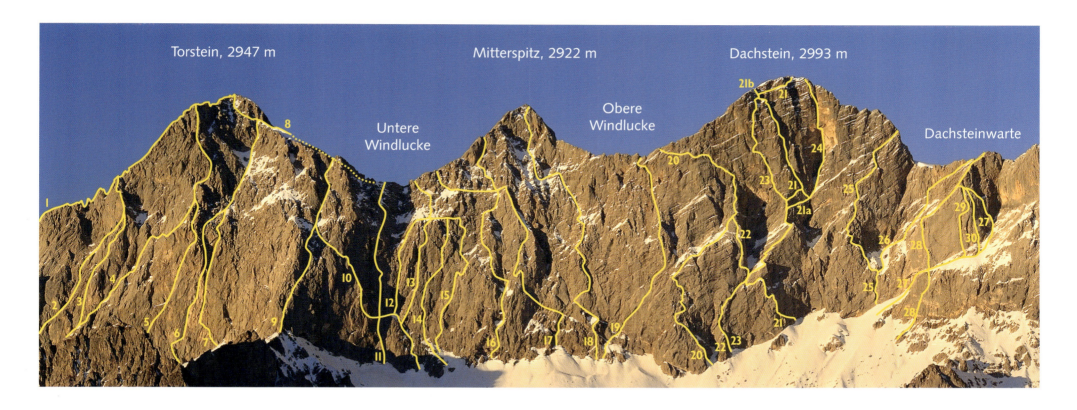

Die wichtigsten Anstiege auf der Südseite des Dreigestirns

Torstein
1 Oberer Südwestgrat »Windlegergrat«, IV (Blodig, Lendenfeld, Steiner, Auhäusler 1879)
2 Südwand, IV (Fiechtl, Goedel, Mayerhofer 1923)
3 Südwand »Rauchkarpfeiler«, VI- (Hoi, Stelzig 1979)
4 Südwand, V (Kubacsek, Rois 1930)
5 Südverschneidung, VI/A2 (Schinko, Bischofberger 1934)
6 Südwand »Langer gelber Anstieg«, VI/A3 (Hoi, Perner, Walcher, Walcher 1969)
7 Direkte Südwand, VI/A3 (Hoi, Stelzig 1964)
8 Südostgrat, II (Buchsteiner, Kalkschmied 1823)
9 Südpfeiler, III (Pfannl, Maischberger, Zimmer 1899)
10 Südostwand, V+ meist IV (Maix, Gärtner 1934)

Untere Windlucke
11 Südwand »Trichter-Anstieg«, VI- (Hoi, Stelzig 1977)
12 Südwand »Wasserfallanstieg«, V+ (Hoi, Walcher, Baurmann 1969)
13 Südwand »Große Verschneidung«, V+ (Hoi, Stelzig 1976)
14 Südwand »Kurt-Maix-Gedenkweg«, V (Gufler, Precht 1976)
15 Südwand »Ypsilon-Anstieg«, V+/A1 (Hoi, Stelzig, Dengg, Walcher 1973)

Mitterspitz
16 Westl. Südwandrippe, IV+ (Gebauer, Haas, Höfler 1959)
17 Südwand, III+ (Schmitt, Drasch 1889)
18 Östl. Südwandrippe, V (Höfler, Gebauer 1959)

Obere Windlucke
19 Südwand, IV+ (Perner, Perner 1966)

Dachstein
20 Südwand, westlicher Pfeiler »Goedel-Anstieg«, IV+ (Steiner, Mayerhofer, Goedel 1919 nach Versuchen durch Steiner u. Knauss im Abstieg und zusammen mit Auhäusler im Aufstieg 1879)
21 Südwand »Steinerroute«, IV (Steiner, Steiner 1909 über Steinerband
a) Heute übliche Route über das Salzburger Band, III (Huber im Alleingang 1911)
b) Heute üblicher Ausstieg aus der Steinerroute auf den oberen Westgrat
22 Südwandpfeiler, VI- (Hoi, Almberger 1977, unterer Teil Schrempf, Schrempf 1962)
23 Südwand, VI/A1 »Ramsauer Anstieg« (Perner, Perner 1968)
24 »Südwand-Direttissima«, VI+/A3 (Schlömmer, Perner 1967)
25 Südwand »Pichlweg«, IV- meist leichter (Pichl, Gams, Zimmer 1901), Var.: dir. Einstieg (Maix, Plank 1930)

Dachsteinwarte
26 Südwestwand, III- (Hechenbleikner, Kaltenbrunner, v. Riebe 1903)
27 Südwand, V- (Steiner, Simonlehner 1928)
28 Johann-Klettersteig, D-E (1999)
29 Direkte Südwand, VI (Perner, Prugger 1966)
30 Südkante, VI/A2 (Hirschmugl, Moosbrugger 1958)

Literatur

Cerwinka, Günter (1999): Ramsau am Dachstein, Bauern – Bibel – Berge, Ramsau.
Hell, Bodo (1987): 666, Droschl Verlag, Graz.
Lamm, Reinhard (1998): Zauberberg Dachstein, Ramsau.
Landes, Elmar; Landes, Marianne (Hg.) (1993): Berg 93, Alpenvereinsjahrbuch, Bd. 117, München, Innsbruck, Bozen.
Laserer, Wolfgang (1998): Dachstein, Geschichten, Mythen und Bilder aus dem Salzkammergut, Gnas.
Pause, Michael (Red.) (1986): Dachstein, Berge 1986, Heft 21, Nürnberg.
Pause, Michael (Red.) (2002): Dachstein, Berge 2002, Heft 2, Nürnberg.
Rosegger, Peter: Unser Vaterland, Bd. 3, Steiermark und Kärnten, Stuttgart o. J.
Simony, Friedrich (1895): Das Dachsteingebiet, Ein geographisches Charakterbild aus den österreichischen Nordalpen, Verlag Hölzel, Wien.
Stifter, Adalbert (1853): Bergkristall, in: Bunte Steine und Erzählungen, Leipzig.
Wallner, Sepp (1966): Gosautal und Gosaukamm, Jahrbuch des Österreichischen Alpenvereins, S. 66 – 71.

Zur Geschichte

Lehr, Rudolf (1980): Vergnügliche Ausflüge ins k. k. Salzkammergut, Linz.
Mandl, Franz (2002): Aus der Frühgeschichte der Almen, Die Erforschung der landwirtschaftlichen Verhältnisse früherer Zeiten im Gebirge, unter besonderer Berücksichtigung des Dachsteingebirges, in: Alpenvereins-Jahrbuch, Band 126, hg. vo. Dt. u. Ö. Alpenverein, S. 78 – 89.
Mandl, Franz (2003): Aus der Geschichte der Almen rund um den Dachstein, in: Alpenvereins-Jahrbuch, Band 127, hg. v. Dt. u. Ö. Alpenverein, S. 280 – 289.
Mandl, Franz und Cerwinka, Günter (Hg.) (1996, 1997): Dachstein, Vier Jahrtausende Almen im Hochgebirge, 2 Bände, Gröbming.
Moser, Roman (1994): Hallstätter- und Obertrauner Almen im Bereich des Dachsteinmassivs, Musealverein Hallstatt, Hallstatt.
Scheuch, Manfred (1994): Historischer Atlas Österreich, Wien, 5. Auflage.

Zur Kartografie

Dörflinger, Johannes; Wagner, Robert; Wawrik, Franz (1977): Descriptio Austriae, Österreich und seine Nachbarn im Kartenbild von der Spätantike bis ins 19. Jahrhundert, Wien.
Kretschmer, Ingrid; Dörflinger, Johannes; Wawrik, Franz (Hg.) (2004): Österreichische Kartografie von den Anfängen im 15. Jahrhundert bis zum 21. Jahrhundert, Wiener Schriften zur Geographie und Kartographie, Bd. 15, Wien.

Zur Erschließung

Böhm, Dr. August von (1893): Die Erschließung der Ostalpen, 3 Bde., Hg. v. DÖAV, Berlin.
Friedl, Inge; Friedl, Karl (2002): Der erste Tourist, Mit Erzherzog Johann durch die Steiermark, Styria Verlag.
Hauer, Fr. (1911): Die direkte Dachstein-Südwandroute, in: MDÖAV 1911, 243.
Kleyle, F. J. (1814): Rückerinnerungen an eine Reise in Oesterreich und Steyermark im Jahre 1810, Carl Ferdinand Beck, Wien.
Lammer, Eugen Guido (1884): Niedere Dachsteinscharte, Nördliches Dirndl, in: MDÖAV 1884 November, 331.
Lehr, Rudolf (1971): Der Kampf um den Dachstein, Die Geschichte seiner Eroberung, Linz.
Maischberger, Thomas; Pfannl, Heinrich; Zimmer, Franz (1899): Thorstein, Ersteigung über die Südwand, in: ÖAZ 1899, 195.
Maix, Kurt (1952): Im Banne der Dachstein-Südwand, Salzburg.
Peterka, Hubert (1949): Die Erschließungsgeschichte der Großen Bischofsmütze, in: ÖAZ September/Oktober 1949, 145 ff.
Peterka, Hubert (1952): Die Ur-Erschließung des Torsteins, in: ÖAZ Juli/August 1952, 101 ff.
Pichl, Eduard (1901): Tourenberichte: Hoher Dachstein, in: ÖAZ 1901, 225.
Pichl, Eduard (1936): Hoch vom Dachstein an, München.
Schmitt, Robert H.; Drasch, Fritz (1889): Alte und neue Pfade im Dachsteingebiet, III. Erste Durchkletterung der Dachstein-Südwand, in: ÖAZ 1889, Nr. 283, 277 – 286
Schultes, J. A. (1809): Reisen durch Oberösterreich in den Jahren 1794, 1795, 1802, 1803, 1804 und 1808, Cotta'sche Buchhandlung, Tübingen.
Simony, Friedrich (1844): Zwey Septembernächte auf der hohen Dachsteinspitze, in: Wiener Zeitschrift für Kunst, Literatur, Theater und Mode, 17. Juny 1844.

Zu Geologie/Karst/Vergletscherung

Bauer, F. (1989): Die unterirdischen Abflussverhältnisse im Dachsteingebiet und ihre Bedeutung für den Karstwasserschutz, Umweltbundesamt, Wien.
Bock, Hermann; Lahner, Georg; Gaunersdorfer, Gustav (1913): Höhlen im Dachstein und ihre Bedeutung für die Geologie, Karsthydrographie und die Theorien über die Entstehung des Höhleneises, Graz.
Brunner, Kurt (Hg.) (2004): Das Karls-Eisfeld, Forschungsarbeiten am Hallstätter Gletscher, Wissenschaftliche Alpenvereineshefte Nr. 38, München.
Ganss, Ortwin; Kümel, Friedrich; Spengler, Erich (1954): Erläuterungen zur geologischen Karte der Dachsteingruppe, Innsbruck.
Geologische Karte der Dachsteingruppe (1954), aufgenommen 1936 – 40, hg. v. Deutschen u. Österreichischen Alpenverein, Innsbruck.
Herlicska, Helmut; Lorbeer, Gundi et al. (1994): Pilotprojekt Karstwasser Dachstein, Bd. 1, Karstwasserqualität, Bundesministerium für Umwelt, Jugend und Familie, Monographien 41, Wien.
Kralik, Martin (2001): Strategie zum Schutz der Karstwassergebiete in Österreich, Umweltbundesamt, Wien.

Krobath, Michael; Lieb, Gerhard Karl (2001): Die Dachsteingletscher im 20. Jahrhundert, o. O.

Plöchinger, Benno (1983): Salzburger Kalkalpen, Sammlung geologischer Führer 73, Berlin.

Scheidleder, Andreas et al. (2001): Pilotprojekt Karstwasser Dachstein, Bd. 2, Karsthydrologie und Kontaminationsrisiko von Quellen, Umweltbundesamt, Monographien 108, Wien.

Scholz, Herbert (1995): Bau und Werden der Allgäuer Landschaft, Stuttgart (zum Dachsteinkalk).

Simony, Friedrich (1869): Über Urgesteinsablagerungen im obersten Traunthale, Sitzungsbericht der k. Akademie der Wissenschaften. 59, Wien.

Simony, Friedrich (1871): Die Gletscher des Dachsteingebirges, Sitzungsbericht der k. Akad. d. Ws. 63, Wien.

Simony, Friedrich: Über Kalkalpenquellen, Wien o. J.

Spengler, Erich (1924): Geologischer Führer durch die Salzburger Alpen und das Salzkammergut, Sammlung geologischer Führer 26, Verlag Gebrüder Borntraeger, Berlin.

Spiegler, Arthur (1988): Karstlehrpfad, Heilbronnerweg – Dachstein – Krippenstein, Linz.

Zu Personen

Fischer, Hans; Nagl, Hubert; Wohlschlägl, Helmut (Hg.) (1996): Geographischer Jahresbericht aus Österreich, Friedrich-Simony-Gedenkband, 53. Band, Wien.

Grims, Franz (1996): Das wissenschaftliche Wirken Friedrich Simonys im Salzkammergut, in: Ein Leben für den Dachstein, Friedrich Simony zum 100. Todestag, Franz Speta, Gerhard Aubrecht (Hg.), Linz.

Ilwof, Franz (1882): Eine Reise in Obersteiermark im Jahre 1810, Erzherzog Johanns Tagebuch, Graz.

Lehr, Rudolf (1996): Ein Leben für den Dachstein, Friedrich Simony, in: Ein Leben für den Dachstein, Friedrich Simony zum 100. Todestag, Franz Speta, Gerhard Aubrecht (Hg.), Linz.

Messner, Reinhold (1986): Freiklettern mit Paul Preuß, München, Wien, Zürich.

Messner, Reinhold (Hg.) (1999): Eugen Guido Lammer – Durst nach Todesgefahr, Augsburg.

Purtscheller, Ludwig (1987): Über Fels und Firn, Bd. 1: Westalpen und außereuropäische Fahrten, hrsg. v. Deutschen Alpenverein, München.

Purtscheller, Ludwig (1987): Über Fels und Firn, Bd. 2: Ostalpen, hrsg. v. Deutschen Alpenverein, München.

Rosegger, Peter: Wanderungen in der Heimat, Wien und München, o. J.

Walcher, Sepp (1965): Alfred Markgraf Pallavicini, in: Jahrbuch des Deutschen Alpenvereins 1965, München, S. 77 – 83.

Führer: Wanderführer, Skitourenführer, Kletterführer, Mountainbikeführer

Brandl, Sepp (2005): Dachstein – Tauern, 50 Skitouren für Einsteiger und Genießer (Rother Skiführer), München.

Brandl, Sepp (2003): Dachstein – Tauern, Die schönsten Tal- und Höhenwanderungen (Rother Wanderführer, 55 Routen im Dachsteingebirge und in den Niederen Tauern), München.

End, Willi (1980): Alpenvereinsführer Dachsteingebirge Ost, München.

End, Willi (1980): Alpenvereinsführer Dachsteingebirge West, München.

End, Willi (1985): Gebietsführer Dachsteingebirge, München.

Fischbacher, Andi; Hoi, Klaus; Schall, Kurt (2004): Kletterarena Dachstein Süd, Wien.

Geyer, Georg (1886): Führer durch das Dachsteingebirge und die angrenzenden Gebiete des Salzkammergutes und Ennsthales, Wien.

Hauleitner, Franz (2004): Salzkammergut – Die 80 schönsten Tal- und Höhenwanderungen (Rother Wanderführer), München.

Heitzmann, Wolfgang (1998): Salzkammergut mit Totem Gebirge und Dachstein, Höhenwege – Gipfeltouren – Klettersteige, München.

Heitzmann, Wolfgang (1999): Bike-Erlebnis Salzkammergut Dachstein-Tauern-Region, Graz, Wien, Köln.

Just, Renate (2003): Krumme Touren 2, Münchner Südosten, Chiemgau, Salzkammergut, München.

Pürcher, Alois (2000): Erlebnis Ennstal, Graz, Wien, Köln.

Purtscheller, Ludwig und Hess, Heinrich (1927): Der Hochtourist in den Ostalpen, Bd. 3, Nördliche Ostalpen von der Salzach bis zum Wiener Becken, Leipzig.

Rabeder, Gernot; Rabeder Gisbert (1979): Skiführer Dachsteingebirge, Linz.

Radio-Radiis, Alfred (1908): Spezialführer durch das Dachsteingebirge und die angrenzenden Gebiete des Salzkammergutes und Ennstales, Wien.

Schall, Kurt; Jekel, Thomas (1996): Dachsteingebirge & Gosaukamm, Die schönsten Kletterrouten, Verlag Kurt Schall, Wien.

Schall, Kurt (1996): Genuss-Skitourenatlas, Österreich Ost, Wien.

Schall, Kurt; Moser R. (2000): Genuss-Kletteratlas, Österreich Ost, Wien.

Schall, Kurt (2004): Klettersteige und leichter Fels, Österreich Ost, Wien.

Stanciu, Ulrich (2002): Dachstein – Tauern, Bike-Traumtouren, Bielefeld.

Karten

AV-Karte, Dachstein, Nr. 14, 1:25.000, 2005.

Freytag & Berndt, Dachstein – Ausseer Land – Filzmoos – Ramsau, Nr. 281, 1:50.000.

Herbststimmung am Hinteren Gosausee.

Register

A
Adamekhütte 67, 76, 82, 84, 90, 110, 114, 115, 118, 122
Admont 16, 18, 19
Auf dem Stein 4, 21, 70, 81, 84, 115, 118
Auhäusler 40, 41
Aussee 17, 18, 19, 21, 22
Austriahütte 48, 50, 109, 114, 122
Austriaweg 68, 115, 116

B
Bad Aussee 93, 95
Bischofberger, Adolf 53, 54
Bischofsmütze 39, 40, 41, 43, 49, 65, 68, 69, 111, 114, 116, 118
Buchsteiner, Jakob 26, 27, 28

D
Dachstein 4, 22, 23, 25, 29, 30, 31, 34, 35, 44, 45, 46, 48, 49, 50, 58, 65, 68, 69, 75, 98, 110, 113, 114, 115, 116, 118, 119, 120
Dachstein-Südwand 49, 50, 56, 59, 62
Däumling 55, 112
Diener, Dr. Carl 39, 46
Dirndl 41, 43, 75
Donnerkogel 43, 55, 95, 98, 109, 113, 115, 116
Drasch, Fritz 46

E
Echerntal 22, 31, 88, 89, 90, 91, 93, 119
Engl, Isidor 12, 13
Erzherzog Johann 25, 26
Erzherzog Karl 25
Eselstein 67, 113, 115

F
Filzmoos 28, 40, 69, 70, 93, 97, 111

G
Gablonzer Hütte 116, 122
Gappmayr, Peter 28, 29, 40
Gjaidstein 70, 75, 90, 98, 114, 118
Gosau 9, 17, 19, 21, 71, 93, 94, 95, 102, 109, 122
Gosaugletscher 28, 60, 73, 76, 78, 85, 90, 110, 118
Gosaukamm 65
Gosauseen 5, 21, 43, 65, 73, 74, 90, 94, 112, 113, 116, 118
Grimming 4, 15, 16, 22, 101, 109, 118
Großwand 43, 65, 116
Guttenberghaus 113, 114, 115, 122

H
Hallstatt 9, 11, 13, 15, 16, 17, 18, 19, 21, 22, 71, 73, 81, 90, 93, 94, 95, 99, 116, 119, 122
Hallstätter Gletscher 25, 28, 31, 73, 74, 75, 76, 78, 99, 110, 118, 120
Hallstätter See 4, 5, 15, 21, 22, 70, 74, 90, 93, 94, 95, 118
Hirlatz 71
Hirlatzhöhle 89
Hirschvogel, Augustin 21, 22
Hofpürglhütte 67, 114, 116, 117, 118, 122
Hoi, Klaus 54
Holtzwurm, Abraham 22
Holtzwurm, Israel 22
Humboldt, Alexander von 93

I
Irg 113

K
Karlseisfeld 26, 31, 74, 76, 77, 78
Karren 82, 83
Karst 81
Kepler, Johannes 22
Kleyle, Franz Joachim Ritter von 25
Knauss, Franz 41
Knauss, Johann 46
Koppenbrüllerhöhle 70, 85, 86, 89, 90, 119
Koppenkarstein 28, 54, 55, 58, 78, 93, 98, 111, 113

L
Lahner, Georg 85, 86
Lammer, Eugen Guido 41, 43
Lammertal 4, 21, 43
Lazius, Wolfgang 21, 22
Linzerweg 19, 67, 118

M
Maischberger, Thomas 48
Maix, Kurt 40, 41, 50
Mammuthöhle 81, 85, 87, 89, 95, 119
Manndlkogel 43, 44, 55, 65, 112, 115, 116
Manndlscharte 120
Mercator 22
Mitterspitz 25, 28, 44, 46, 59, 62, 65, 68, 111, 114

N
Nothgasse 14

P
Pallavicini, Alfred Markgraf 40
Penck, Albrecht 70
Perner, Peter 56
Pernerweg 117
Peterka, Hubert 55, 61
Pfannl, Heinrich 48, 56
Pichl, Eduard 46, 48, 110
Plankensteinalm 84
Plassen 4, 13, 70, 71
Precht, Albert 58
Preuß, Paul 43, 55, 56, 61, 112, 113
Pürgg 16
Purtscheller, Ludwig 41, 43, 44, 46, 65

R
Radstadt 21, 22, 48
Ramsau 15, 16, 19, 21, 22, 26, 28, 65, 69, 71, 81, 93, 95, 97, 98, 101, 113, 114, 122
Ramsauer, Johann Georg 12
Rieseneishöhle 85, 86, 87, 88, 95, 119
Rosegger, Peter 4, 114
Rötelstein 65, 70

S
Salzkammergut 122
Sarstein 4, 5, 118
Schinko, Raimund 53, 54, 55
Schladming 18, 19, 22, 26, 97
Schladminger Gletscher 28, 73, 75, 118
Schlömmer, Leo 56
Schmitt, Robert Hans 46
Schneebergwand 58
Secznagel, Marcus 21
Seethalerhütte 98, 116, 122
Simek, Rene 54, 55
Simony, Friedrich 5, 13, 25, 28, 29, 31, 32, 33, 35, 70, 71, 73, 74, 75, 76, 77, 78, 81, 82, 85, 90, 93, 114, 119
Simony, Oskar 33, 43
Simonyhütte 35, 43, 67, 76, 82, 84, 90, 114, 119, 120, 122
Steiglweg 116
Steiner, Franz 46, 49, 50, 110
Steiner, Georg (»Irg«) 46, 49, 50, 110, 113
Steiner, Johann 40, 41, 46, 49
Steinerband 49
Stifter, Adalbert 33, 73, 78
Stoderzinken 4, 67, 70, 118
Südwandhütte 59, 62, 116, 117, 122

T
Theodor-Körner-Hütte 115, 122
Thurwieser, Peter Karl 28
Torstein 22, 23, 25, 27, 28, 44, 46, 53, 54, 56, 58, 59, 65, 111, 114, 118

V
Vischer, Georg Matthäus 22

W
Waldbach 22, 32, 90, 91, 94, 119
Wallner, Johann 25, 29, 31, 32, 33, 35
Windlegerscharte 28
Windlucke 46, 56, 58, 59, 61, 110, 111

Z
Zaglauer Loch 84
Zimmer, Franz 48, 110

Impressum

Alle Texte und Fotografien stammen von Andrea und Andreas Strauß, mit Ausnahme des Beitrags »Die senkrechte Herausforderung«, der Bilder auf den Seiten 54, 59 (2) und 60 (jeweils von Klaus Hoi) sowie der Abbildungen auf den Seiten 13, 75 (aus: Speta, Ein Leben für den Dachstein), 23 (aus: Dörflinger, Descriptio Austriae), 33, 74 (aus: Fischer, Geographischer Jahresbericht) und 50 (aus: Cerwinka, Ramsau).

Titelbilder
Hoher und Niederer Dachstein über dem Hallstätter Gletscher (großes Bild). Dachstein-Südwand (kleines Bild).

Innentitel
Die aufgehende Sonne taucht Hohen und Niederen Dachstein in pinkfarbenes Licht. An der Simonyhütte.

Bild links
Am Steiglweg. Blick auf den Gosaukamm.

Vorsatz-Karten: © Freytag & Berndt, Wien
Lektorat: Dr. Gerhard Hirtlreiter
Layout und Gestaltung: Edwin Schmitt
Reproduktionen: Artilitho, Trento, Italien
Druck und Bindung: Printer Trento, Trento, Italien

1. Auflage 2006
© Bergverlag Rother GmbH, München
Alle Rechte vorbehalten
ISBN 3-7633-7033-1
(ISBN-13: 978-3-7633-7033-7)